십 대를 위한
영화 속 인권
이야기

십 대를 위한
영화 속 인권 이야기

초판 1쇄 발행 2024년 12월 10일

지은이 함보름
펴낸이 이지은 **펴낸곳** 팜파스
기획편집 박선희
디자인 조성미
일러스트 박선하
마케팅 김서희, 김민경
인쇄 케이피알커뮤니케이션

출판등록 2002년 12월 30일 제 10-2536호
주소 서울특별시 마포구 어울마당로5길 18 팜파스빌딩 2층
대표전화 02-335-3681 **팩스** 02-335-3743
홈페이지 www.pampasbook.com | blog.naver.com/pampasbook
이메일 pampasbook@naver.com

값 16,000원
ISBN 979-11-7026-689-1 (43330)

십 대를 위한
영화 속 인권
이야기

김형욱 지음

팜파스

들어가며

우리에게 영혼이 있다면 어떤 모습일까요? 영화 〈소울〉의 '유세미나' 세계는 태어나기 전 영혼들이 모여 있는 곳입니다. 그곳에서 영혼들은 지구로 가기 위한 연습을 하며 시간을 보내다 준비가 되면 지구로 떠납니다. 유세미나 속 영혼들은 모두 동일한 모습이지만, 지구에 오면 저마다 다른 삶을 살게 됩니다. 저는 이 장면을 보면서 영혼을 감싼 육체가 어떤 모습인지에 따라 각기 다른 사회적 경험을 하는 것이 아닐까 하는 생각이 들었어요. 결국 우리는 모두 똑같은데 외적인 모습으로 사람을 판단하고 있었던 것이 아닐까요?

인권이라는 말, 한 번쯤 들어 봤을 거예요. 인권은 말 그대로 사람으로 태어났기 때문에 누구나 똑같이 누려야 하는 권리입니다. 하지만 세상에는 인권이 제대로 지켜지지 않는 곳이 많아요. 예를 들어, 피부색이 다르다는 이유로 차별받거나, 여자라는 이유로 기회를 놓치거나, 장애가 있다는 이유로 불편을 겪는 일들이 일어나고 있지요.

우리는 인권의 개념을 어렵게 생각하는 경향이 있어요. 인권의 개

넘은 시대에 따라 계속해서 발전해 왔고, 현대 사회에서도 많은 사람들의 투쟁을 거쳐 끊임없이 변화하고 발전하고 있기 때문이지요. 다른 말로 하면 인권은 계속해서 변화하기 때문에 그것을 의식하는 우리 역시 끊임없이 공부해야 한다는 것을 의미합니다.

이 책은 인권이 그동안 어떻게 변화했는지, 현대 사회에서 중요한 인권 문제는 무엇인지를 19편의 영화를 통해 알아봅니다. 영화는 단순히 재미있는 이야기가 아니라, 우리 사회의 다양한 모습을 보여 주는 거울과 같습니다. 이해하기 어려운 인권의 이야기를 영화 속 인물과 사건을 통해 간접적으로 체험한다면 미처 인지하지 못한 인권 문제와 사회적으로 소외된 사람들에게 깊게 공감할 수 있는 기회가 될 것입니다.

1부에서는 총 4편의 영화를 통해 인권의 발달 과정을 살펴봅니다. 프랑스 혁명부터 대한민국 민주화 운동까지, 역사에서 인권이 어떻게 인식되고 발전해 왔는지, 이를 위해 어떤 사람들이 투쟁했는지를 영화 속 사건들을 통해 생생하게 들여다봅니다.

2부에서는 인권을 위해 헌신한 사람들의 이야기를 다룹니다. 긴즈버그, 마틴 루터 킹, 전태일, 김복동 등 영화 속 인물들을 통해 인권 운동의 역사를 되짚어 보고, 그들의 용기와 헌신을 알아볼 수 있습니다.

3부에서는 여성, 장애인, 어린이, 노동자 등 다양한 사회 구성원들의 인권을 다루는 영화들을 분석합니다. 총 5편의 영화를 살펴보며 우리 사회의 각 영역에서 나타나는 인권 문제를 살펴보고 인권 감수성을 키워 나갈 것입니다.

4부에서는 현대 사회가 안고 있는 복잡한 인권 문제에 대한 질문을 던집니다. 총 6편의 영화를 들여다보며 인종 차별, 학교 폭력, 노동 착취, 난민, 환경 오염, 디지털 범죄와 성범죄 같은 현대 사회가 가진 다양하고도 복잡한 권리들의 층위를 살핍니다. 그리고 그 속에 있는 인권 문제들을 알아볼 수 있습니다.

이 책을 통해 여러분은 영화라는 매체를 통해 인권의 중요성을 다시 한 번 되새기고, 우리 사회의 다양한 인권 문제에 대한 관심을 높여 사회 변화를 이끄는 주체가 될 수 있을 것입니다. 19편의 영화 속 주인공이 보여 준 용기와 희생을 통해 희망을 얻고, 여전히 소외된 사람들에게 관심을 가지며 더 나은 사회를 만들 수 있도록 힘을 보태 주시기 바랍니다.

차례

Part 03 이것도 인권과 관련이 있다고요?
: 영화로 보는 생활 속 다양한 인권 영역과 인권 감수성

Part 04 우리가 관심을 기울인 만큼 인권은 자란다
: 영화로 보는 현대 사회 속 복잡한 인권 문제들

Part
01

인권은 무엇이고
어떻게 발전해 왔을까요?

영화로 보는 인권의 치열한 발달사

여러분은 인권에 대해 얼마나 많이 알고 있나요? 인권이라는 말은 어쩐지 좀 모호하고 막연하게 들리기도 합니다. 학생들뿐만 아니라 어른들도 인권의 개념은 좀 어렵게 느껴집니다. 공부하는 저 역시도 어려운 개념이에요. 인권의 개념을 정립하기 위해 여러 학자들이 지금도 노력하고 있습니다.

인권(人權)이라는 글자를 그대로 해석하면 '사람의 권리'입니다. 인간, 즉 사람이면 누구나 인종, 성별, 종교, 장애, 나이, 국적과 관계없이 누릴 수 있는 권리를 말하지요. 모든 사람은 평등하고 그 권리는 하늘이 부여했다는 뜻에서 '천부인권(天賦人權)'이라고도 말합니다. 쉽게 이야기해서 '사람답게 사는 것'이 인권입니다.

뜻만 보면 이렇게 간단한 말이 왜 어렵게 느껴지는 걸까요? 그 이유는 문명이 발달하고 사회가 변할수록 '도대체 사람답게 사는 것은 무엇인가?'란 질문에 대한 답 역시 변하기 때문입니다. 다양성의 세상인 지금, 인권을 위해 투쟁하는 많은 사람이 있습니다. 아마 10년 뒤에 이 책을 펼쳤을 때는 지금보다 더 많은 인권 문제를 이야기하고 있을지도 모릅니다. 그만큼 인권은 살고 있는 시대와 긴밀하게 연결되어 있습니다.

근대 이후 인권은 크게 신장하였고, 그 이후로 인권의 발달을 크게 3세대로 나뉩니다. 나라와 사회, 문화마다 1세대부터 3세대까지 발전 시기가 다양하지만, 국제적으로 합의된 기준은 다음과 같습니다.

시민 혁명이 주축인 1세대 인권은 개인의 자유와 권리를 포함합니다. 2세대 인권은 산업 혁명 이후 비위생적인 환경에서 적은 임금을 받으며 일한 노동자들이 요구한 노동권과 교육권 등 인간답게 살 권리를 포함합니다. 3세대는 현재 진행형입니다. 정부와 개인 모두 노력해야 할 기아, 장애인, 아동, 난민 등과 같은 사회적 소수자의 권리와, 환경이나 재난으로부터 구제받는 권리를 포함합니다. 자, 이제 영화를 보며 이 발달 과정을 생생하게 들여다볼까요?

성공한 혁명은
다 잘 끝났을 거라는 착각

레미제라블

"1815년, 프랑스 대혁명 이후에 26년이 지났고 국왕이 다시 왕위에 오르게 되었다."

영화는 이 메시지와 함께 시작됩니다. 한국 관객 590만 명을 기록하며 당시 신드롬을 일으킨 영화 〈레미제라블〉은 1789년 프랑스 혁명이 끝나고 26년이 흐른 후의 일을 다룹니다. 한국 관객들이 프랑스 혁명의 역사를 잘 알고 이 영화를 보았을까요? 당시 20대 중반이었던 저는 이 영화 속 배경인 프랑스 혁명에 대해 잘 알지 못했습니다. 많은 관객들이 저처럼 영화 배경을 잘 알지 못한 채 감상했을 거예요. 그럼에도 이 영화가 많은 사람들에게 울림을 준 건 영화에서 투쟁하는 소시민들의 용기 때문입니다.

이 작품은 작가 빅토르 위고가 쓴 장편 소설이 원작이며 영화뿐만 아니라 뮤지컬로도 유명하니, 기회가 된다면 원작과 뮤지컬도 보길 추천합니다. 영화는 처음부터 끝까지 노래로만 극이 진행되는 '송 스루(Song-Through)' 방식이어서 널리 알려진 뮤지컬 곡들을 들을 수 있습니다.

🌀 빅토르 위고

영화 제목인 〈레미제라블〉은 프랑스어로 Les Misérables로 '비참한 사람들'이란 뜻입니다. 영화에는 혁명 이후의 삶으로 상징되는 '지나친 가난과 고통을 겪는 사람들'이 등장하는데 바로 이들의 이야기이지요. 당시 프랑스가 겪고 있는 상황이 적나라하게 나옵니다.

'장발장'이라는 이름을 한 번쯤 들어 봤을 거예요. 장발장은 〈레미제라블〉의 주인공이며 굶주린 조카를 위해 빵 하나를 훔친 죄로 무려 19년 동안 옥살이를 한 인물입니다. 19년이 지나 감옥에서 나온 장발장에게 사회는 냉혹하기만 합니다. 돈을 내도 출소자인 그에게 아무도 먹을 것을 주지 않고 재워 주지 않았습니다. 갈 곳이 없던 장발장은 수도원의 문을 두드립니다. 미리엘 주교는 장발장에게 음식과 잘 곳을 내어 주지요. 하지만 장발장은 그곳의 은식기를 훔쳐 달아납니다. 다음 날 장발장이 경찰에게 바로 붙잡혀 돌아오자 미리엘 주교는 은촛대까지 선물로 주며 장발장을 용서합니다. 주교의 따뜻

한 마음에 감명 받은 장발장은 앞으로 선하게 살기로 다짐합니다.

장발장은 과거를 숨기고 구슬 공장의 사장으로 성공해 사람들을 도우며 살아갑니다. 그 공장에는 팡틴이라는 직원이 있었는데, 팡틴은 미혼모라는 사실을 들켜 직장에서 쫓겨나고 말아요. 팡틴은 빈민가를 떠돌며 딸의 양육비를 위해 할 수 있는 모든 걸 하며 버티다 끝내 병이 듭니다. 죽음을 앞둔 팡틴은 장발장에게 자신의 딸 코제트를 찾아 달라고 부탁합니다. 팡틴은 미혼모임을 숨기고 공장에서 일하기 위해 여관 주인 내외에게 딸아이를 맡겼던 것입니다. 팡틴의 딸 코제트는 여관 주인에게 학대당하며 생활하고 있었습니다.

장발장은 팡틴과의 약속을 지키려 하지만 야속하게도 경관 자베르에게 과거가 들통나 다시 감옥에 가게 되고 팡틴은 죽고 맙니다. 장발장은 탈옥해서 여관 주인에게 거액을 주고 코제트를 데려옵니다. 그리고 신분을 숨긴 채 코제트를 딸처럼 키우며 살아가지요.

선한 의지를 가지고 살기 위해 분투하지만 계속해서 도망쳐야 하는 장발장과 아무리 노력해도 비참한 삶에서 벗어날 수 없는 사람들을 보며 우리는 영화의 제목을 이해하게 됩니다. 이들은 왜 이렇게 바닥과도 같은 삶을 살게 된 것일까요? 왜 이들은 아무리 애를 써도 굶주림과 고통에서 벗어나지 못하는 걸까요? 그걸 알기 위해서는 작중 배경으로부터 26년 전에 일어난 '프랑스 대혁명'으로 거슬러 올라가야 합니다.

'왕의 목을 자르다' 프랑스 대혁명은 왜 일어났을까?

여러분은 국가의 주인이 누구라고 생각하나요? 정부일까요? 시민일까요? 이 질문의 답을 하기 위해 대한민국 헌법 1조를 살펴보겠습니다.

제1조 ① 대한민국은 민주 공화국이다.
　　　② 대한민국의 주권은 국민에게 있고, 모든 권력은 국민으로부터
　　　　나온다.

'대한민국의 주권은 국민에게 있고 그 권력이 국민으로부터 나온다'는 말은 쉽게 이야기하면 대한민국의 주인이 국민이라는 뜻입니다. 우리가 사는 지금 시대에는 이 사실이 너무도 당연하게 받아들여집니다. 하지만 역사를 거슬러 올라가면 이 사실이 당연하지 않았던 때가 있었습니다.

프랑스 대혁명이 일어나기 직전인 18세기의 프랑스가 바로 그런 시대였습니다. 왕의 권력은 신이 부여했다고 여기며 절대 권력이라고 불릴 정도로 막강했습니다. 왕의 마음대로 나라를 통치했고, 사람들은 엄격한 신분제에 따라 살아야 했습니다. 시민은 도시에 사는 사람들 정도만 해당되었어요. 여기에는 왕과 계약한 보부상, 즉 '부르주아'라 불리는 상인들이 포함되었습니다.

당시 신분 제도는 세 층으로 나뉩니다. 제일 위에 있는 층인 제1신분은 오늘날 가톨릭 종교의 고위 성직자들과 추기경들이 차지했습니다. 그다음 층인 제2신분은 귀족들이었습니다. 전체 인구의 단 2%인 이들은 토지를 소유했고, 세금을 면제받았으며 온갖 향락을 즐기며 관직을 독점했습니다.

그럼 나라를 운영하는 데 드는 돈인 세금은 누가 냈을까요? 바로 맨 아래층인 제3신분에 속한 평민들이었습니다. 이들은 전체 인구에서 약 98%를 차지했어요. 무능한 귀족들의 호화로운 생활을 떠받치기 위해 평민과 당시 시민인 도시의 상인들이 무거운 세금을 부담한 것입니다.

사람들의 부담은 그것만이 아니었습니다. 비슷한 시기인 1775년 미국에서 독립 전쟁이 일어났습니다. 영국과 북아메리카에 있던 영국의 13개 식민지 간에 일어난 전쟁이었습니다. 복잡해진 외교 관계 속에서 다른 나라들도 하나둘 이 전쟁에 참여하게 됩니다. 프랑스도 그중 하나였습니다. 프랑스의 왕 루이 16세는 막대한 돈이 들더라도 미국을 도와야만 경쟁국인 영국에 타격을 입힐 수 있다고 판단했습니다. 전쟁에는 엄청난 비용이 들어갔고, 그 부담은 고스란히 제3신분이 짊어졌습니다. 이에 시민들의 불만은 극에 달했지요.

그러자 당시 재무장관이던 샤를 알렉상드르 드 칼론은 평민뿐만이 아닌 귀족에게도 세금을 걷자고 주장합니다. 2%인 귀족들이 이 의견에 과연 찬성했을까요? 당연히 특권 계층들은 그 개혁안을 거부했습니다. 대신에 '삼부회'를 열자고 했지요. 삼부회란 귀족 300명, 성직

🌑 삼부회

자 300명, 평민 600명이 모여서 회의와 투표를 하는 신분제 의회입니다. 거기서 귀족과 성직자가 함께 개혁안을 막고자 했던 것입니다. 하지만 평민 대표들은 기존 토의 형식과 투표 방식이 제3신분에 불리하다고 지적합니다. 결국 이 회의는 각 계급의 생각 차이로 결렬되고 말아요.

이에 화가 난 제3신분의 평민들은 지나치게 세금이 부과되는 부당한 헌법을 바꿀 때까지 절대 해산하지 않겠다며 '국민 의회'를 조직합니다. 루이 16세는 이들을 무력으로 진압하려 했지만, 사람들은 더 이상 참지 않고 수많은 무기가 있는 바스티유 감옥을 습격합니다. 이 사건이 우리에게 잘 알려진 프랑스 대혁명(1789년 7월 14일)의 시작이었습니다. 이날은 오늘날 프랑스의 최대 국경일인 혁명기념일(바스티유 데이)이 되었지요.

당시 국민 의회 사람들뿐만 아니라 평민들도 바스티유 감옥 습격에 함께합니다. 이에 놀란 루이 16세는 국민 의회를 인정하고, 국정과 관련된 결정을 국민 의회에게 넘깁니다. 이렇게 프랑스는 왕이 나라를 다스리는 왕정이 끝나고 입헌 군주제가 시작됩니다.

입헌 군주제는 왕이 헌법에 따라 권력을 행사하는 정치 체제입니다. 왕정에서는 왕의 권력이 지나치게 강하기 때문에 국민의 권리를 보장하기 위한 체제로 나타난 것이지요. 입헌 군주제에 따르면 국민 대표 의회가 법을 만들고 왕의 행위를 감시하며 균형을 유지합니다. 왕은 헌법에 따라 행동해야 하며, 국민의 의견을 존중하고 권리를 보호할 수 있습니다.

이렇게 왕의 권력이 제한되는 입헌 군주제를 통해 국민 의회는 헌

인간과 시민의 권리 선언

법을 만들어 나갑니다. 그리고 국민이 누려야 할 권리에 대해 정리한 프랑스 인권 선언을 선포합니다. 프랑스 인권 선언은 인간이 자유롭고 평등하게 태어났으며, 주권이 국민에게 있다고 밝혔습니다. 또한 언론, 신앙, 출판의 자유와 법과 권리를 평등하게 누리는 것을 선언하여 전 세계 헌법과 정치에 큰 영향을 미쳤습니다.

입헌 군주제로 개혁하자는 의견에 동의했던 루이 16세는 혁명에 겁을 먹고 왕비 마리 앙투아네트와 함께 다른 나라로 도망치려 합니다. 왕실 가족은 밤에 몰래 도주하다 바렌에서 들켜 파리로 끌려옵니다. 이 사건으로 혁명은 더욱 거세게 흘러갑니다. 왕이 나라를 버리고 도망쳤으니 시민들은 왕을 믿을 수 없게 되었어요. 결국 루이 16세는 단두대에서 처형당합니다. 왕을 처형시킨 프랑스는 전쟁의 혼란을 겪습니다. 당시 유럽의 왕실들은 결혼이라는 제도로 이어진 일종의 친인척 관계였습니다. 다른 나라의 왕실들이 자신의 친인척인 루이 16세를 처형한 프랑스에게 전쟁을 선포한 것이지요.

이런 어려움을 겪고 있을 때 시의적절하게 등장한 인물이 있었습니다. 바로 나폴레옹입니다. 나폴레옹은 쿠데타를 일으켜 권력을 잡고, 유럽 나라들과의 전쟁에서 승리하며 황제가 되었습니다. 하지만 1815년 이후 나폴레옹은 전쟁에서 완전히 패배하고 맙니다.

뒤숭숭한 분위기를 틈타 루이 16세의 친족들이던 유럽의 귀족들은 회의를 열었습니다. 그들은 프랑스 안에서 일어난 사태에 대해 제대로 이해하지 않고 단순하게 민중 봉기가 일어난 것으로 치부했어요. 나폴레옹이 패했으니 프랑스를 다시 루이 16세의 가문인 부르봉 왕가에게 되돌려 주면 된다고 여겼지요. 이렇게 해서 수많은 피를 흘리고 간신히 자유를 맛보았던 프랑스 대혁명은 부르봉 왕가 출신 루이 18세가 돌아오며 원점으로 돌아가고 맙니다.

바로 이 시기가 영화의 첫 장면 1815년입니다. 당시 분위기는 과연 어땠을까요?

{ 영화 속 레미제라블의 시대는 정확히 어땠을까? }

1815년, 나폴레옹이 몰락하고 나서 오랜 전쟁으로 몸도 마음도 지친 프랑스인들은 반갑지 않았지만 루이 18세의 부르봉 왕가를 받아들입니다. 장발장이 은식기를 훔치다 용서를 받고 새롭게 태어나는 내용까지가 바로 이 시기입니다.

부르봉 왕가의 루이 18세(1814~1824)는 혁명 이후에 또 다른 봉기가 일어날 가능성이 있는지 시민들의 눈치를 살폈습니다. 이 시기의 프랑스는 나폴레옹 시대에 만든 법과 질서를 바탕으로 본격적인 산업화가 진행됩니다. 금속 공업과 직물 공업도 발달하고 수출도 하게 되었습니다. 그 결과, 부를 쌓아 가는 중산층 부르주아들이 점점 늘어났습니다.

원작에서 장발장은 1820년대 프랑스 북쪽 소도시에서 구슬을 생산하는 방법을 개발하며 성공합니다. 그 역시 이 시기의 사회적인 변화에 따른 계급 상승을 한 셈이지요. 이 사람들은 혁명 전보다 부를 쌓았기 때문에 프랑스 대혁명과 같은 급진적인 개혁은 원하지 않았습니다. 여러분도 가진 게 많으면 그걸 잃을까 두렵겠지요? 당시 프랑스인들도 마찬가지였습니다. 그래서 부르봉 왕가가 1815년부터 1830년(루이 18세 1814~1824, 샤를 10세 1824~1830)까지 무난하게 권력을 잡을 수 있었던 것입니다.

반면 계급 상승을 하지 못한 사람들은 어땠을까요? 영화에 나오는 소시민들의 노래를 들어 보면 빈민가 사람들이 얼마나 비참한 생활을 했는지 알 수 있어요. 제대로 씻지도 못하고 팔다리를 잃고 집도 없이 노숙하는 사람들은 빈곤에 지쳐 삶이 곧 전쟁이고 죽음이라고 노래합니다.

그 예로 팡틴을 들 수 있습니다. 장발장이 운영하는 공장에서 구슬을 꿰는 일을 하던 팡틴은 하루하루 살아가기 위해 성희롱도 감수하며 묵묵히 일을 합니다. 하지만 동료들의 모함으로 하루아침에 공장에서 쫓겨납니다. 혼자 아이를 키우는 팡틴은 양육비를 위해 처음에는 가진 물건들을 팔고 그 다음에는 머리카락, 치아를

🌑 코제트 삽화

023

팔고 결국 성 노동을 하게 됩니다. 성을 파는 여성들과 성을 매수하는 남성들은 당시 비참한 시대상을 보여 주는 단적인 사례입니다. 성매매로 감옥에 끌려갈 뻔했던 팡틴과 같은 부모들은 아이를 양육할 수 없었습니다. 그래서 버려지는 부랑아가 많았다고 합니다. 팡틴의 딸 코제트를 맡아 주던 여관 주인 테나르디에 부부와 그 여관을 찾던 손님들의 방탕한 모습에서도 암흑 같은 시대상을 엿볼 수 있습니다.

엎친 데 덮친 격으로 민중의 눈치를 살살 보던 부르봉 왕가 역시 시간이 지나며 언론의 자유를 탄압하고 선거권을 줄여 버립니다. 자유를 한번 맛보고 다시 부르봉 왕가에게 프랑스를 넘겨줘야 했던 시민들은 원점으로 돌아간 시대에 배신감을 느낍니다.

그리하여 1830년 7월 또 한 번의 혁명이 일어나고 새로운 왕이 탄생합니다. 바로 루이 필리프 1세(1830~1848)입니다. 부르봉 왕가의 왕들과 다르게 루이 필리프는 혁명 이념을 같이 지지하며 언론의 자유를 보장하고 산업 활동을 돕는 정책을 펼칩니다.

루이 필리프 왕의 정책으로 중상층이 성장하며 도시 인구가 늘어납니다. 인구 밀집도가 높아지는데 그 인구를 감당할 만한 시설은 충분하지 못했지요. 이에 따라 위생 상태가 나빠져 전염병인 콜레라가 돌기 시작합니다. 코로나 19를 겪은 우리는 전염병이 경제적으로 얼마나 큰 위기를 가져오는지 잘 알고 있습니다. 당시에도 그랬습니다. 눈에 띄는 정치 변화도 있었습니다. 재산이 조금이라도 있는 부르주아들은 참정권이 있었는데, 이 전염병으로 브루주아들은 재산을 잃는 동시에 투표권도 잃게 됩니다. 다시 잃을 게 없어진 부르주아들은 자연스레 정부에 등을 돌렸지요.

루이 필리프가 즉위한 다음 해인 1831년 11월 프랑스의 공업 도시 리옹에서 결국 일이 터집니다. 끊임없이 치솟는 물가에 비해 임금이 낮아 제대로 된 생활을 할 수 없자 노동자들은 임금 협상을 했지만 결렬됩니다. 이를 계기로 봉기가 일어납니다. 하지만 정부는 이 봉기를 '반란'으로 여겨 탄압하고 노동자들의 권리도 제한합니다.

이 사건으로 빈민과 노동자들, 공화주의자들 역시 민중 봉기에 참여합니다. 프랑스 역사에서는 '공화주의'라는 말을 자주 들을 수 있습니다. 공화주의란 모두의 이익과 권리를 함께 보장하기 위해 공동체의 입장에서 모두의 미덕을 채워 나가자는 철학입니다. 다시 말해 공화주의는 당시 프랑스의 계급 사회와 계급 간 차별 정책 등에 반대하는 입장이지요.

몰락한 부르주아들 중 상당수는 공화주의자가 되었습니다. 재산과 함께 투표권을 잃었으니까요. 이들은 크고 작은 봉기를 일으켰습니다. 영화 〈레미제라블〉에 나오는 봉기는 1832년 6월 봉기이자 1789년 일어난 프랑스 대혁명의 연장선에 있는 항쟁이었습니다.

영화에는 실존 인물 라마르크의 장례식이 나옵니다. 라마르크는 프랑스의 공화주의를 지지하는 공화파의 대표 인물이었습니다. 그는 모든 사람들에게 동등하게 투표권을 줘야 한다고 주장해 사람들의 큰 지지를 받았지요. 그런 라마르크가 전염병 콜레라에 감염되어 투병하다 곧 운명할지 모른다는 사실이 알려졌습니다. 라마르크의 소식은 파리의 공화주의자들과 노동자, 빈민가 사람들이 결집할 수 있는 절호의 기회가 되었습니다. 극 중 코제트에게 한눈에 반한 청년 마리우스는 라마르크를 지지하는 공화주의자입니다. 그가 열렬하게 노래하는 가사에서도 이를 알 수 있습니다.

"이 나라의 지도자는 어디 있나? 이 모든 쇼를 꾸민 왕은 어디 있나? 오직 라마르크 장군이 빈민들을 위해 싸우네."

민중은 계속해서 봉기해야 했다

사람들의 노래가 들리는가?

화가 난 사람들의 노래가?

다시는 노예가 되지 않겠다는 의지의 함성!

북소리와 함께 심장 소리도 울려 퍼지네.

내일이 되면 새로운 세상이 펼쳐지리라.

십자군의 길에 함께할 사람 있는가?

함께 서서 강하게 맞설 사람 있는가?

바리케이드 너머엔 당신이 열망하던 세상이 있을까?

그럼 함께 싸워서

자유와 권리를 되찾자!

영화의 중반부에 장례식이 시작되자 사람들은 일제히 노래를 부릅니다. 자유와 권리를 쟁취하고 새로운 세상을 열망하는 소시민들의 외침이 강렬하게 울려 퍼집니다. 프랑스에서 수도 없이 일어난 봉기들 가운데 1832년 민중 봉기가 특별한 이유는 기득권 사이의 싸움이 아닌 민중들 사이에서 자발적으로 일어난 봉기이기 때문입니다. 실제로는 800여 명이 사망한 대규모 봉기였다고 합니다. 영화 속 봉기 현장을 정리하는 여인들의 말에서 끔찍한 현장을 알 수 있습니다.

"싸우러 향하는 아이들의 모습을 보았나요? 죽은 어린아이들을 보았나요? 다들 누군가의 손에서 사랑으로 키워졌겠지요."

그러나 혁명을 꾀하는 봉기에도 왕정은 무너지지 않았고, 더 커진 정부의 탄압에 결국 1835년부터 봉기가 잦아들게 됩니다. 루이 필리프는 1846년까지 안정적으로 왕정을 펼쳐 나갔지만, 1846년 대흉작으로 또 한 번 위기를 맞게 됩니다. 노동자들은 이때를 틈타 루이 필리프 왕을 끌어내리는데 이것이 바로 프랑스의 2월 혁명입니다.

1832년 6월 봉기는 실패로 끝났지만, 영화의 마지막을 장식하는

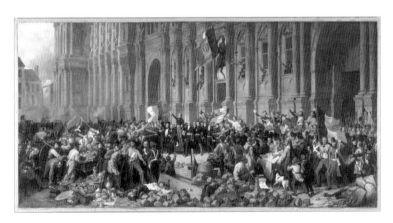

2월 혁명

민중들의 노래는 1848년 2월 혁명을 암시합니다. 2월 혁명 이후에 나폴레옹의 후손 나폴레옹 3세가 쿠데타로 또 왕정을 차지하자 정치 활동에 환멸을 느낀 빅토르 위고가 역사적인 사실을 배경으로 소설 『레미제라블』을 완성시킵니다.

1세대 인권 운동을 대표하는 프랑스 혁명은 첫 대혁명이 일어나고 나서도 약 100년 동안 이어집니다. 영화 한 편은 2시간 40분이지만, 실제 역사로는 100년을 담아낸 거죠. 역사를 알고 보면 더 재미있을 영화 〈레미제라블〉을 감상하며 격렬했던 인권의 첫 번째 태동기를 느껴 보기를 바랍니다.

함께 토론해 보아요!

♦ 1세대 인권 운동인 프랑스 혁명은 왜 일어났으며, 사람들은 인권 중 어떤 부분을 쟁취하려 투쟁했는지 정리해 봅시다.

♦ 프랑스 혁명 100년은 수많은 사람들의 피와 눈물, 희생이 뒤따랐습니다. 변화를 위해 일어나는 폭력적인 운동에 대한 찬성과 반대 의견을 각각 생각해 봅시다.

사고파는 물건이었던
인간들의 슬픈 이야기

노예 12년

영화 〈노예 12년〉은 소설『노예 12년』을 쓴 솔로몬 노섭의 자전적인 이야기를 영화로 만든 작품입니다. 이 영화는 전 세계적으로 유명한 아카데미 시상식에서 작품상, 여우조연상, 각색상을 받았습니다. 영화는 북부에서 자유인으로 살았던 흑인 솔로몬이 남부 지역으로 납치되면서 동 시대에 자유인과 노예라는 극단의 삶을 살게 되는 이야기를 담았습니다. 우리는 영화를 통해 1840년부터 1850년까지 흑인이 겪은 고통과 인권 침해를 고스란히 볼 수 있습니다.

북부에서 아내와 두 자녀를 둔 솔로몬은 바이올린을 켜고 간혹 건축 일을 하며 사는 자유인입니다. 솔로몬을 소유한 주인이 그를 자유인으로 해방시켰기 때문입니다. 어느 날 동업을 하는 백인 남성이 솔

로몬에게 워싱턴의 일자리를 제안합니다. 솔로몬은 그들을 따라 출장을 가고, 저녁을 먹으며 술을 마시다 정신을 잃고 맙니다. 다음 날 정신을 차려 보니 발목이 쇠사슬로 묶인 채 어딘가로 팔려 가고 있었습니다. 솔로몬은 자신이 자유인이라고 울부짖지만 그것을 증명할 증명서가 없었습니다. 그를 납치한 백인들은 솔로몬을 '플랫'이라고 부르며 남부로 팔아 버립니다. 그렇게 해서 솔로몬은 무려 12년 동안 노예 생활을 하게 됩니다.

첫 번째 주인 윌리엄 포드를 거쳐 두 번째 주인 앱스를 만나면서 솔로몬은 자신과 같은 처지인 흑인들을 만나게 됩니다. 앱스의 농장에서 만난 여성 노예 펫시는 주인에게 지속적으로 성폭력과 폭행을 당하고 있었습니다. 그런 부당함을 보고 있어도 솔로몬이 할 수 있는 일은 아무것도 없었지요.

힘겨운 노예 생활을 하던 솔로몬은 우연히 떠돌아다니는 캐나다인 베스를 만납니다. 노예제에 반대하는 베스의 도움으로 영원할 것만 같던 12년의 노예 생활에서 솔로몬은 드디어 탈출합니다. 영화 속 노예들은 부당한 일이나 학대를 당해도 참고 견뎌야 하고, 한시도 쉬지 못하고 기계처럼 일만 합니다. 믿기지 않을 정도로 잔혹한 삶이

어서 개인적으로 이 책에 실린 영화 중에서도 가장 보기 괴로웠답니다. 그런데도 이 영화를 여러분께 추천하는 이유는 진실을 외면하기보다는 마주해야 하기 때문입니다. 영화를 통해 아직도 문제되는 인종주의에 대해 생각해 보기를 바랍니다.

흑인 노예는 언제부터 있었을까?

초기 노예 제도는 고대 문명이 발달한 곳에서 찾아볼 수 있습니다. 인류 최초의 문학으로 알려진 길가메시 서사시에는 신, 사랑과 왕의 이야기와 함께 사천 년 전 노예에 대한 이야기도 담겨 있습니다.

그는 왕이다. 원하는 건 무엇이든 할 수 있지.

아버지로부터 아들을 빼앗아 그를 파괴할 수도 있고

어머니로부터 딸을 빼앗아 그를 맘껏 부릴 수도 있지.

하지만 아무도 감히 그에게 대항할 수 없다네.

(중략)

하늘에 계신 아버지시여.

스스로 드높고 찬란한 길가메시가

모든 장벽을 뛰어넘어 사람들 위에 군림하니

사람들은 폭군에게 시달리며

비탄으로 울부짖나이다.

그들의 처절한 울음소리가

하늘을 온통 뒤덮어 버리기 전에

아버지시여, 어서 도와주소서.

구체적으로 어떻게 노예 생활을 했는지는 알 수 없지만 이 시기에
도 분명 노예를 부리는 주인이 있었고 노예들이 고통에 살고 있었음
을 추측할 수 있습니다. 실제로 메소포타미아 문명에서는 노예 제도
의 증거가 무척 많이 발견됩니다. 고대 이집트, 이스라엘 등 문화재
를 비롯해 성경에도 노예가 있었다는 걸 추측할 만한 자료들이 많이
있습니다.

그렇다면 '흑인' 노예는 언제부터 생겼던 걸까요? 마조리 간, 재닛
월렛의 저서 『노예의 역사』에서는 처음 아랍과 지중해 이슬람권의
노예 대부분은 스페인, 동유럽, 그리스, 중앙아시아에서 끌려온 백인
이었다고 합니다. 그러나 흑인 노예가 남아프리카에서 이슬람으로
유입되면서 사람들의 생각이 점차 바뀌었습니다. 중세 이집트의 한
문학 작품에는 이런 글귀가 발견됩니다.

흑인보다 더 혐오스럽고 볼품없으며 사악한 존재가 있기나 할까?

계급 사회에서 백인 노예보다 흑인 노예에 대한 혐오가 심했음을
알 수 있는 문구이지요. 그러니까 노예 제도가 있던 때부터 피부색으
로 인한 혐오가 있었던 것입니다. 그렇다 보니 백인 노예의 값이 흑

🌑 유럽 중세 초기의 노예 시장

인 노예의 값보다 훨씬 비쌌다고 합니다. 값이 더 싼 흑인 노예가 훨씬 더 많이 거래되면서 자연스럽게 흑인 노예가 많아졌을 것입니다.

노예들이 하는 일은 대체로 정해져 있었습니다. 여성 노예는 주로 요리와 청소, 세탁이나 육아와 같은 가사 노동과 관련된 일을 했습니다. 정원 일이나 가축 사육, 집을 지키는 일이나 주인의 사업에 필요한 업무 등은 남성 노예의 일이었지요. 그 밖에도 사람들을 즐겁게 하는 연예 활동과 관련된 노예, 대규모 농장 지주에 속해 중노동을 한 노예, 군대로 파견되는 노예의 기록도 찾아볼 수 있습니다.

초기 이슬람권의 노예들은 이렇듯 다양한 직업 일을 하며 노예가 아닌 신분들과 마주칠 일이 아주 많았지요. 이 노예 제도는 15세기 유럽으로 전해졌습니다. 유럽인들은 이 중 농장 지주 안에서 일하는 노예만을 대거 활용합니다. 거대 농장과 광산 등에서 일하는 노예들은 사회에서 고립되면서 점점 편견과 혐오의 대상이 되었습니다.

산업 발달로 늘어난 흑인 노예들

아메리카 대륙에 흑인 노예가 들어온 건 1619년 미국 버지니아주 제임스타운에 도착한 영국의 장사꾼들 때문입니다. 배를 본 선장은 배가 고프다는 이유로 화물칸에 실은 흑인 노예 20명과 먹을 것을 물물 교환 했습니다. 이 일을 시작으로 영국의 장사꾼들은 16~17세기 아프리카에서 끌고 온 흑인 노예 500만 명 이상을 미국에 팔아넘겼습니다.

당시 영국법에는 '물로 세례를 받은 노예는 자유민으로 살 수 있다'는 내용이 있었어요. 이런 이유 때문에 초기에 미국에 정착한 흑인 노예들은 종교를 기독교로 바꾸면서 자유인으로 살게 된 사람들도 있었다고 합니다. 하지만 식민자(식민지를 소유한 나라의 출신으로 식민지에서 생활하는 사람을 말함)들은 이들의 신체가 튼튼해 인디언이나 백인에 비해 병에 걸리지 않고 사망률도 적다고 생각했어요. 그런 이유로 노예를 농장 노동에 쓰기 위해 서둘러 이 법을 폐지시켜 버립니다.

식민자들이 가장 선호하는 노예는 20대 중반 흑인 남성이었습니다. 가장 힘이 세고 건장했기 때문이지요. 그들은 한 명당 약 1200달러에 팔렸습니다. 그 다음으로는 젊은 흑인 여성을 선호했습니다. 이 여성들은 성폭력을 당할 위험이 컸고 백인의 아이를 출산하는 일도 잦았습니다. 그렇게 낳은 아이들 역시 흑인의 피가 한 방울이라도 섞여 있으면 흑인으로 분리되는 '한 방울의 법칙'에 따라 흑인 노예가 되었고, 좀 더 피부색이 밝아 보기 좋다는 이유로 비싸게 팔렸습니다.

식민자들은 기독교 개종으로 초기에 자유민이 된 흑인들의 사회 활동도 금지시킵니다. 1664년 메릴랜드 식민 당국은 영국 여자와 흑인의 결혼을 금지하는 법을 제정합니다. 다른 식민 당국도 이어 백인과의 교제는 물론 참정권과 일부 직업을 제한하는 법을 만들지요. 이때 생긴 법은 20세기 초까지 영향을 미칠 정도로 흑인 차별을 견고하게 만듭니다.

합법적으로 흑인 노예를 부릴 수 있게 되자 18세기 무렵 유럽의 많은 농장주들은 큰 부자가 될 수 있었습니다. 흑인 노예를 써서 인건비를 아낄 수 있었기 때문이에요. 농장들은 대부분 커피, 목화, 코코아, 사탕수수를 재배했습니다. 노예들은 잠을 못 자고 제대로 먹지 못하며 혹독하게 일하다 죽기도 했어요. 하지만 농장주는 그들이 죽어도 관심조차 갖지 않았지요. 영화에 나오듯이 당시 사탕수수를 재배하거나 설탕 생산을 하는 노예가 많았습니다. 흑인 노예 열 명마다 감독 한 명씩 붙여 가며 채찍질하면서 끊임없이 일을 시켰다고 기록되어 있습니다.

한편 미국에서는 담배 산업이 번창하면서 아프리카에서 흑인을 직접 데려오는 일이 잦아졌습니다. 버지니아주의 경우 1680년경 흑인 비율이 7%에 불과했지만 1750년에는 44%까지 늘어납니다. 흑인들의 수가 많아지자 식민자들은 폭동이나 반란이 일어날까 두려웠습니다. 그래서 흑인들이 세 명 이상 모이는 것을 금지했고, 읽고 쓰는 문해 교육도 금지합니다. 교육을 받아 인권 의식을 갖춘 흑인들이 지배층인 기득권들에게 반발하게 될까 봐 애초에 교육을 받지 못하게 한 것입니다.

노예주와 자유주가 공존하던 1800년대 전후의 역사

프랑스 혁명이 있기 13년 전인 1776년, 영국의 식민지였던 미국은 영국에 저항하며 완전한 독립 국가가 됩니다. 미국은 처음부터 순조롭게 하나의 나라가 되었을까요? 그렇지 않습니다. 미국을 식민지로 지배했던 영국의 노예제 폐지부터 그 험난한 역사를 찾아볼 수 있습니다.

영국에서는 조나단 스트롱이라는 노예를 구타하고 감금한 사건으로 인해 1765년부터 노예제 폐지 운동이 조금씩 시작되었습니다. 1786년에는 노예를 사고파는 '노예 무역 폐지'를 원하는 사람들이 협회를 만들며 본격적으로 노예제 폐지 운동이 시작되었습니다.

그러는 사이 미국에서도 사건이 벌어집니다. 미국은 먹고 살기도 힘든 와중에 식민지라는 이유로 영국에 세금을 내야 했습니다. 이

에 대한 반발로 영국에서 출발한 홍차를 미국인들이 바다에 던져 버리는 '보스턴 차 사건'이 일어났습니다. 이 일은 미국의 독립 전쟁(1775~1783)에 영향을 미치게 됩니다. 독립 전쟁이 길어지자 영국과 미국은 자기 나라의 흑인 노예들에게 전쟁에 참여하면 이후 해방을 시켜 주겠다고 약속합니다. 마침내 전쟁은 1783년 미국의 승리로 끝나지요.

1776년 7월 4일 미국은 독립 선언을 채택하며 독립국이 됩니다. 독립 선언문에 '모든 사람은 평등하게 창조되었고 생명과 자유와 행복 추구의 권리가 있다'는 내용이 담겨 사람들은 흑인 노예를 둔 자신들의 모순된 삶을 자각하게 됩니다. 그리고 노예제 폐지 여론이 조금씩 형성됩니다.

다시 유럽으로 가볼게요. 1789년 7월 14일 프랑스에서는 영화

〈레미제라블〉에서 본 또 다른 시민 혁명이 일어납니다. 이들이 외친 '자유, 평등, 박애'는 흑인 노예들이 인권을 위해 싸울 수 있는 근거가 되지요. 프랑스에서 시작된 흑인들의 반란과 지배 계급의 잔인한 싸움은 유럽 전역에 영향을 미쳤습니다. 이후 영국에서 계속 부결되었던 노예제 폐지법이 1807년에 마침내 통과되고, 미국에서도 1807년 노예 무역 제도가 폐지됩니다.

하지만 혼란스러운 정세와 잦은 전쟁 등으로 인해 노예제가 폐지되고 나서 바로 흑인 노예들이 자유인으로 될 수는 없었어요. 특히 미국의 경우 지역마다 산업이 달라 노예 제도를 일부는 허용하고 일부는 금지했습니다. 당장 자유인으로 노예들을 해방시킬 경우, 지역별로 감당해야 할 손해가 많을 거라는 이유 때문입니다. 일부의 주는 '경계주'로 분류되었어요. 이 주들은 노예 제도를 완전히 폐지하는 것에는 합의하지 않고 노예들을 내부적으로 직접 관리했습니다.

이때가 솔로몬이 살던 시대입니다. 노예제는 있었지만 노예 무역 제도가 금지되자 솔로몬처럼 납치당해 강제로 노역하는 일이 있었지요. 게다가 노예 제도가 있는 곳이나 경계주인 곳은 자체적으로 노예를 관리했기 때문에 납치된 솔로몬을 찾기가 더욱 힘들었던 겁니다.

남북 전쟁을 일으킨 노예 제도

이렇게 미국 남부와 북부는 흑인을 바라보는 관점이 달랐어요. 남부에서 노예는 일종의 '재산'이었습니다. 영화에서 솔로몬을 처음 산 주인인 포드는 동정심이 있는 인물이지만, 솔로몬이 자신은 북부 출신 자유인임을 밝히고 풀어 달라고 호소해도 이를 거절합니다. 포드 역시 자신의 재산인 솔로몬을 보증 삼아 다른 사람에게 돈을 빌렸습니다. 그렇기 때문에 감정적인 문제만으로 노예를 해방시킬 수 있는 상황이 아니었습니다. 1800년대 노예 가격은 50달러였지만 노예 무역이 금지된 1850년에는 한 명당 1천 달러로 값이 치솟았습니다. 당시 물가를 현재로 계산하면 한화로 2억이 넘는 돈이었지요. 이만한 재산을 어느 누가 쉽게 포기할 수 있었을까요.

당시 남부에서 가장 발달한 농업 중 하나가 면화 재배였어요. 남북전쟁(1861~1865)이 일어나기 전에 25년간 남부의 목화밭에서 전 세계 면화 공급량 중 4분의 3이 생산되었다고 합니다. 노예 노동은 면화 재배에 적합했는데 도구도 많이 필요 없고, 성별이나 나이, 건강에 상관없이 누구나 다 할 수 있는 일이었기 때문이에요.

이 영화의 배경과 비슷한 시기인 1860년, 흑인 노동자 중 4분의 3이 면화를 재배하는 일을 했습니다. 남부의 농장주들이 부를 쌓으려면 노예들이 면화를 최대한 많이 따야만 합니다. 노예가 일해야 돈을 벌수 있으니 남부 지도자들은 평등 사회를 거부하는 지경에 이릅니다.

미국의 10~11대 부통령이자 정치 철학자 캘훈은 '모든 인간이 자유를 부여받은 평등한 존재라는 가정은 매우 위험한 오류'라고 단언하며 노예 법을 정당화했습니다. 남부의 성직자들 역시 노예제를 두둔했습니다. 그들은 "구약 성경의 모든 예언자들도 노예 제도를 비난하지 않았으며 또 신약 성경에서 사도 바울도 도망친 노예들에게 주인에게 다시 돌아가라고 충고했다."라고 하며, 흑인 노예들의 해방은 하늘나라 예루살렘에서나 가능한 신앙의 문제이지 현실의 문제가 아니라고 주장했습니다.

그들은 경제적으로 흑인 노예들의 노동력이 필요했기 때문에 어떤 방식으로든 자신들의 주장을 설득하려 했습니다. 흑인 노예들이 할 수 있는 거라고는 일하며 노래를 부르는 것뿐이었습니다. 영화 속 면화 재배를 하며 부르는 흑인 영가(Field holler)에는 이들의 한이 서려 있습니다. 도망칠 곳이 없고, 만약 도망가다 발각되면 목숨을 내놓아야 하는 처지이니 그저 현실에 순응해야만 했죠.

노예제에 관한 논쟁은 더욱 거세졌어요. 여기에 몇몇 판결이 논쟁에 불을 지폈습니다. 그중 드레드 스콧의 판결은 미국 역사상 최악의 판결로도 유명합니다. 드레드 스콧은 미주리 세인트루이스에 살고 있던 흑인 노예였어요. 거주지가 일정치 않았던 스콧의 주인은 자유주인 일리노이로 갔다가 다시 위스콘신으로 거주지를 옮겼습니다. 위스콘신은 당시 완전한 주는 아니었지만 준(準) 주로 인정된 자유 지역이었어요. 위스콘신에서 스콧은 결혼을 합니다. 노예가 결혼하면 노예의 아내도 주인의 재산이 됩니다. 1843년 스콧의 주인이 사망한 후, 스콧 부부는 다시 주인의 고향 미주리 세인트루이스로 돌아오고, 스콧의 부인 재산으로 편입됩니다.

그러나 자유주가 된 위스콘신에서 결혼한 것을 이유로 3년 뒤 스콧은 자유인을 신청하는 소송을 합니다. 스콧의 변호사는 스콧 부부가 자유 지역에 살았기 때문에 당연히 자유인이라고 주장했습니다. 하지만 재판소는 1857년 믿을 수 없는 판결을 내립니다. 비록 노예제가 없는 자유주에 거주했을지라도 흑인은 자유를 인정받을 수 없다며 소송을 제기할 권리가 없다는 것입니다. 이 판결로 노예 제도를 비롯한 인종 문제에 관한 논쟁이 거세졌고 이후 남북 전쟁에 큰 영향을 미칩니다.

당시 공화당 상원의원 후보였던 링컨은 노예제를 반대하는 공화당을 대표하는 인물이었습니다. 1858년 링컨과 민주당 후보인 스티븐 더글러스의 공개 토론이 벌어집니다. 링컨은 노예제를 폐지해야 한다고 주장했고, 더글러스는 새로운 미국 연방에 가입하는 주는 노예 제도 폐지에 대해 거주민이 결정해야 한다고 주장했지요. 두 사람의 끈질긴 논쟁은 사람들의 뜨거운 관심을 받게 됩니다. 링컨은 노예 제도는 '악'이라고 할 정도로 비판적이었고 "분열된 집은 살아남을 수 없다"며 노예 제도 폐지에 대해 확고한 태도를 보입니다. 이 논쟁 이후에 더글러스는 링컨과 아주 간소한 차이로 상원 의원으로 당선됩니다. 하지만 토론을 하고 나서 링컨을 지지하는 사람들이 많아지면서 훗날 링컨이 대통령에 당선되는 계기가 됩니다.

1860년 11월 대통령 선거에서 링컨이 당선됩니다. 링컨은 남부의 9개 주에서는 한 표도 가져가지 못했지만, 북부 지역에서는 엄청난 지지로 과반수를 얻습니다. 노예가 필요했던 남부 지역 사람들에게 링컨의 당선은 반갑지 않은 소식이었지요.

1860년 12월 남부 지역의 사우스캐롤라이나주는 노예제 폐지를

🔴 *섬터 요새를 포격한 남부 연합군*

격렬히 반대하며 연방 정부를 탈퇴합니다. 이에 1861년 3월 노예제
를 지지하는 남부 6개 주(미시시피, 플로리다, 앨라배마, 조지아, 루이지
애나, 텍사스)들이 추가로 탈퇴했습니다. 같은 해 4월, 탈퇴한 주들끼
리 남부 연합을 만들고 미국에서 분리되기를 선언합니다.

　　그러나 연방 정부는 남부 연합이 분리되어 나가는 걸 인정하지 않
았어요. 결국 남부 연합은 섬터 요새를 공격합니다. 공업 중심의 경
제 구조를 가지며 노예제 폐지를 주장하는 북부와, 농업 중심으로 노
예제 유지를 주장하는 남부가 싸우는 '남북 전쟁'이 시작된 것이지
요. 전쟁이 시작되자 눈치만 보던 남부의 추가 도시(버지니아, 아칸소,
노스캐롤라이나, 테네시)들은 연방을 탈퇴해 남부 연합으로 넘어가고
총 11개의 남부 연합이 만들어집니다.

1863년 1월 1일 링컨이 노예 해방을 약속하자 북부에서 많은 흑인들이 참전했습니다. 이는 북부가 승리하는 데 큰 영향을 주었습니다. 이 전쟁에서 남부 연합군이 패하며 미국 전역에서 노예제가 폐지됩니다. 그리고 1865년, 비로소 법적으로 노예 해방이 이루어지지요.

아직도 노예 제도가 있을까?

스티브 맥퀸 감독은 아카데미 작품상을 받자 "노예 제도로 고통받아온 사람들과 지금도 여전히 노예 상태로 고통받는 모든 사람에게 이 상을 바친다."라는 소감을 남겼습니다. 지금도 여전히 노예가 있다는 뜻일까요? 유엔(UN)의 노동 전문 국제기구인 국제노동기구(ILO)에서는 현대판 노예를 5000만 명 정도로 추정합니다. 거의 우리나라의 인구만큼 전 세계적으로 노예가 존재한다는 얘기지요.

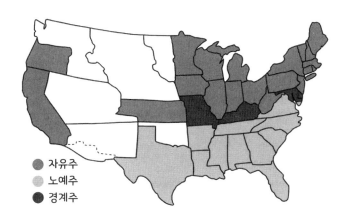

● 자유주
● 노예주
● 경계주

현대판 노예는 무임금으로 강제 노동을 하거나 강제로 결혼이나 성 노동을 하는 사람들 등입니다. 우리나라도 과거에 있던 노비 제도는 사라졌지만 여전히 노동 착취를 당하는 사례들이 종종 나옵니다. 2021년에는 염전에서 7년 동안 일했지만 임금 체불과 감금을 겪은 지적 장애인 노동자가 뉴스에 나왔습니다. 노예 제도는 폐지되었어도 유령처럼 떠도는 지배와 피지배의 관계가 남아 있다는 뜻입니다. 또 다른 솔로몬 노섭이 나오지 않도록 우리 모두 합리적으로 생각하고 노력해야 할 때입니다.

함께 토론해 보아요!

♦ 현대판 노예를 방지하기 위해서 우리가 해야 할 일은 무엇이 있을까요?

여자들은 왜 투표하기 위해 목숨을 걸었을까요?

서프러제트

영화 〈서프러제트〉는 1912년 런던의 세탁소에서 시작합니다. 끊임없이 일하는 여성들의 모습 위로 다음 대사가 흘러나오지요.

"여자는 너무 감정적이고 이성을 쉽게 잃기 때문에 정치적으로 올바른 판단을 하기 어렵습니다. 만약에 여자들이 투표한다면 사회 구조는 완전히 무너져 내릴 것입니다. 일단 투표권을 주면 그 다음부터는 투표권을 빼앗기가 힘듭니다. 여자의 권리는 그녀의 아버지나 남편, 그리고 남자 형제들이 충분히 행해 주고 있습니다."

놀라지 마세요, 여러분. 영화의 배경은 1912년, 즉 20세기입니다. 이때만 해도 여성은 투표를 못했습니다. 그러니까 여성이 참정권을 가진 지 겨우 100년이 넘었다는 얘기지요. 영화 속 목소리는 계속해서 말합니다.

"여자에게 투표할 권리를 준다면 여자들은 국회의원, 판사, 국무위원이 된다고 할 겁니다."

현대 사회를 사는 우리에게는 황당하기 짝이 없는 말입니다. 여성이 국회의원, 판사, 국무위원을 못 할 이유가 있나요? 그러나 당시는 상상할 수 없는 일이었습니다.

이 모든 게 여성에게는 허용되지 않은 시기에 이것을 얻고자 싸운 사람들이 있습니다. 영화 〈서프러제트〉는 여성 감독 사라 가브론이 연출하고 캐리 멀리건, 헬레나 본햄 카터, 메릴 스트립 같은 할리우드의 굵직한 배우들이 출연한 작품입니다. 영화가 지닌 상징성 때문에 할리우드에서도 여성 인권을 위해 목소리를 내는 배우들이 아주 적은 출연료만 받고 열연했습니다. 이 영화를 통해 여성 참정권의 역사를 되짚어 봅시다.

평범한 여성이 돌연 활동가가 된 사연은?

주인공 모드 와츠는 사랑하는 남편과 아들을 두고 세탁소에서 일하는 평범한 여성입니다. 영화에 나오는 주요 인물 중 창작된 가상 인물이죠. 회사 밖에서는 시도 때도 없이 여성 참정권 운동이 격렬하게 일어나고 있지만 먹고 살기 바쁜 모드는 그들을 이해할 수 없습니다. 같은 세탁소에서 일하다 만난 남편과 함께 아들을 키우면서도 저녁을 차리고 치우는 가사 노동은 모두 모드의 몫입니다. 모드는 이 사실을 전혀 이상하게 생각하지 않습니다. 그녀는 여성 참정권이 자신과 전혀 관련 없는 일이라고 생각했지요.

그러던 모드는 우연히 세탁소에서 성희롱을 당하는 어린 직원을 목격합니다. 모드도 어릴 때부터 세탁소에서 일하면서 성희롱을 당했던 터라 그 일을 목격한 후로 일상이 무너지는 느낌을 받습니다. 한편, 같은 세탁소 동료인 밀러는 여성 참정권 운동을 위해 앞장서서 행동하는 활동가입니다. 성희롱 사건 이후 무엇인가 잘못됐다고 생각한 모드는 홀린듯 밀러의 연설을 들으러 참석합니다. 연설을 들으면 달라진 마음의 원인을 알 수 있을 거라고 생각했기 때문입니다. 남편은 그런 모드가 탐탁지 않았지만 그냥 듣기만 한다는 그녀를 말릴 수 없었습니다.

밀러의 연설을 들으러 갔지만 밀러는 가정 폭력을 당했는지 얼굴에 상처가 잔뜩 나 있었습니다. 밀러는 이 상태로는 연설을 할 수 없다며, 모드에게 셰필드 위버스(세탁소 이름) 조합을 대신해 연설해 달라고 요청합니다. 모드는 처음에는 거부하지만 어쩔 수 없이 자리에 앉아 평소 세탁소 일을 하며 느낀 감정을 솔직하게 털어놓습니다.

"세탁소 일은 기침과 통증을 유발하고 손가락을 다치기도 해서 수명이 길지 않습니다. 이런 이유로 여자들이 오래할 수 있는 일이 아닙니다. 일을 하면 다리도 아프고 화상도 입어요. 가스에 중독되는 경우도 있고요. 남자보다 여자가 3분의 1은 더 일하면서 임금은 더 낮습니다."

모드가 자신의 삶을 기득권층 앞에서 고백하며 스스로 되돌아보게 되지요. 이 연설을 계기로 모드는 그동안 당연하게 생각했던 것들이 당연하지 않았다는 것을 알고 여성 참정권 운동의 활동가가 됩니다.

　　갑자기 변해 버린 모드를 향해 남편은 말합니다.

　　"투표권은 가지면 당신이 뭘 할 수 있는데?"

　　모드는 당당하게 대답합니다.

　　"당신처럼 투표를 할 수 있겠죠."

　　점점 앞으로 나아가 활동하는 모드를 향해 남편은 경고합니다.

　　"더 이상 나를 수치스럽게 하지 마."

　　자신을 사랑한다고 믿었던 남편이 모드의 안위가 아닌 자기 체면을 걱정하는 것을 보며 모드는 확실히 알게 됩니다. 내 인생이 잘못되었고 이 모든 것을 자신이 바꾸어야 한다는 것을요.

🗨 1917년 미국 뉴욕에서 여성 참정권을 위해 행진하는 여성들

당시 여성 참정권 운동을 하는 사람들은 정치범으로 간주되어 정부 기관에 미행당하거나 낙인이 찍혔습니다. 모드는 시위에 참여하며 남편과 헤어지고 아들까지 빼앗깁니다. 영화를 보면서 과연 대의를 위해 가정을 버릴 수 있을지 제 자신에게 질문하게 되었어요.

영화를 만든 감독 사라 가브론과 제작자들은 실존 인물과 함께 잘 섞일 수 있는 가상의 인물로 모드를 창작했다고 합니다. 평범하게 사는 모드가 변화하는 모습을 보며 이 이야기는 시대를 불문한 우리 모두의 이야기임을 강조하고 싶었다고 해요. 쉽게 결정할 수 있는 일이 아니기 때문에 그 희생이 값지고 빛나는 것 같습니다.

여성 참정권 운동은 왜 과격해졌을까?

안체 슈룹의 『페미니즘의 작은 역사』를 보면 서양의 고대, 중세 시대 여성에 대한 기록은 거의 전해지지 않는다고 합니다. 고대 민주주의에서도 권리는 남성에게만 있었고 중세도 가부장 사회였기 때문입니다. 근대에 이르러 철학자 마리 드 구르네의 『남녀 평등』에서 여성의 권리에 대해 논의한 흔적이 있지만 큰 이슈는 되지 못했다고 합니다.

최초로 기록된 여성주의 글은 1792년 메리 울스턴크래프트가 쓴 『여성의 권리 옹호』입니다. 메리 울스턴크래프트는 최초의 페미니스트로 여성의 권리에 대한 논의를 활발하게 만든 인물입니다.

책이 출판된 시기가 어쩐지 낯익지 않나요? 앞서 본 프랑스 대혁명 시기와 맞물리지요. 1789년 프랑스 대혁명을 거치며 그나마 인권에 대한 관심이 높아졌기 때문에 이것도 가능했다고 합니다. 기록에 따르면 그전에는 여성의 권리를 주장하다가 처형된 여성들도 있었다고 하니 정말 끔찍한 일이 아닐 수 없습니다.

그렇지만 1789년 프랑스 대혁명과 함께 탄생한 인권 선언, 즉 '인간과 시민의 권리 선언'에서 '인간'의 정의는 여성을 빼놓고 남성만을 지칭하고 있습니다. 프랑스 언어는 여성형 단어와 남성형 단어가 나뉘어 쓰이는데 여기서 말하는 '인간'과 '시민'은 모두 남성형 단어였어요. 게다가 18세기 유행한 계몽주의 사상도 여성과 남성의 교육을 다르게 보았는데, 여성의 교육은 오로지 남성을 위해 헌신하고 봉사하는 것으로 규정되었다고 합니다.

이런 시대의 흐름에 반발한 여성들이 참정권을 요구했습니다. 메리 울스턴크래프트의 책이 나온 지 100년이 지난 후인 1893년에 현재 존재하는 독립국 중 뉴질랜드에서 가장 먼저 여성에게 투표를 허용했습니다. 이 투표권을 계기로 여성 참정권 운동은 점차 다른 나라로 퍼져 나가지요.

런던의 경우, 1903년 에멀린 팽크허스트(극 중 메릴 스트립)에 의해 여성사회정치연합이 만들어집니다. 이들은 조직적으로 여성 참정권을 법으로 만드는 활동을 하며 초반에는 평화로운 방식으로 활동했습니다. 하지만 매번 참정권 투쟁이 묵살되자 여성들은 아예 다른 방향으로 의견을 나타냅니다.

영화 속 모드가 연설하러 갔을 때 여성들은 '말이 아닌 행동으로(Deed not Words)'라는 피켓을 들고 있었어요. 이들은 돌멩이로 창문을 깨거나 우편함에 폭발물을 설치하는 등 과격한 활동을 합니다. 그리고 그 행동이 '그들의 언어' 즉, 남성에게 통하는 방식의 언어라고 표현하지요.

그럼에도 불구하고 기득권층인 남성들은 여성들의 의견을 무시했습니다. 당시 참정권 운동을 한 여성들은 대부분 기혼 여성이었는데, 일부는 구타를 당하기도 했습니다. 극중 밀러 역시 기혼자이자 여성 참정권 활동가인데 남편에게 이러한 사실 때문에 폭행당했을 가능성이 큽니다.

영화에서 가장 눈에 띄는 사건은 바로 경마장에서 달려오는 말 앞으로 죽음을 각오하고 달려든 에밀리입니다. 이 사건은 실제로 1913년 일어났던 일입니다. 서른한 살 여성 에밀리 데이비슨은 여성 참정권에 대한 어떤 보도도 나오지 않자 어떻게든 이 문제를 알리기 위해 목숨을 바쳤습니다.

에밀리는 "여성에게 참정권을!"이란 말을 외치며 달리는 국왕의 말 앞에 몸을 던집니다. 기수와 말은 부상을 당했지만 에밀리는 끝내 사망하고 말았지요. 그 사건을 계기로 여성 참정권에 대한 뉴스가 언론에 보도되기 시작합니다. 에밀리의 장례식에는 많은 여성들이 참석합니다. 장례식장에 많은 여성들이 왔다는 신문 기사를 가져온 이디스에게 모드는 말합니다.

"우리는 계속해야 해요."

달리는 말에 뛰어든 에밀리 데이비슨

모드가 그렇게 말한 이유는 에밀리의 죽음 이후에도 참정권이 법으로 제정되지 않았기 때문입니다. 그 다음 해인 1914년부터 1918년까지 제1차 세계대전이 일어나 여성 참정권을 법으로 제정하는 건 또 한 번 미뤄집니다. 에밀리가 죽은 지 5년이 흘러 1918년 2월 영국 의회는 특정 여성에 한해 투표권을 허용합니다. 재산이 있는 남자와 결혼한 여성 중 30세 이상만 투표할 수 있었지요. 1928년에 이르러야 21세 이상 여성도 투표할 권리가 생깁니다.

영국의 여성 참정권은 다른 나라에 영향을 주었습니다. 프랑스는 1944년, 한국과 이탈리아는 1945년, 중국과 인도는 1949년, 사우디아라비아는 2015년에야 참정권을 인정했습니다.

오늘날 우리는 그들로부터 얼마나 멀어졌을까?

서프러제트(Suffragette)는 영국에서 19세기 후반에 앞서 소개한 에멀린 팽크허스트가 만든 여성사회정치연합(WSPU, Women's Social and Political Union)에 소속되어 투쟁하던 활동가를 지칭하는 말입니다. '참정권'을 뜻하는 말인 '서프러지(Suffrage)'에 여성형 단어에 붙이는 'ette'를 합성하여 만든 단어예요. 직역하면 '참정권을 달라고 하는 여자들'이라는 뜻입니다. 여성 참정권의 입법을 반대하던 사람들은 이들의 활동을 조롱하며 '서프러제트'라는 말을 비꼬는 표현으로 사용했습니다.

> 영국의 여성사회정치연합

1905년 영국의 맨체스터에서 열린 정치 회의에서 여성사회정치연합 활동가들은 '여성에게 투표권을(Votes for Women)'이라는 피켓을 들고 경찰과 몸싸움을 벌입니다. 이 과정에서 이들이 체포되며 사람들에게 알려졌고, 이후에는 이들을 비난하는 안티 서프러제트가 등장합니다. 그들을 조롱한 포스터와 그림들을 보고 있으면 이게 100년 전에 만들어진 것이 맞나 싶을 정도로 기시감이 드는데요, 유명한 영화 평론가 김혜리 기자는 이 영화를 두고 이렇게 말했습니다.

"경고. 극중 사건이 보이는 것보다 가까이 있음."

그는 자신의 칼럼에서 가장 위협적인 인물은 성추행을 일삼는 공장주가 아니라 주인공 모드를 사랑하는 남편 소니였다고 언급합니다. 같은 일을 하는 동료이지만 집에 오면 남편은 쉬고 모드는 홍차를 끓이며 남편의 식사를 걱정합니다. 여성의 참정권은 너무 당연해 졌지만 여전히 가부장제에서 살아가는 많은 여성들은 100년 전 열심히 살림을 한 모드와 크게 다르지 않습니다. 물론 소니와 다르게 가사 노동을 하는 남성들이 압도적으로 많아지긴 했지만요. 하지만 지금도 임신, 육아, 출산으로 일에서 멀어지고 경력이 단절되는 여성들이 많습니다.

여성 참정권 문제는 2015년 사우디아라비아에서 여성도 투표할 수 있게 되면서 해결된 것처럼 보입니다. 전 세계 중 단 한 나라만 빼고 모든 나라에 여성 참정권을 보장하는 법이 마련되었습니다. 그럼 남은 한 나라는 어디일까요? 바로 바티칸입니다. 바티칸은 세상에서 가장 작은 나라이자 주민들은 추기경들이기 때문입니다. 가톨릭 종교 특성상 추기경은 남성만 해당되므로 이곳에서는 여성이 투표권을 가질 일이 없습니다. 그렇지만 보수적인 가톨릭 종교 안에서도 여성 사제를 왜 인정하지 않느냐는 의견이 종종 나옵니다. 혹시 100년 뒤에 여자 사제나 교황이 나온다면 바티칸도 예외에서 벗어날 수 있지도 모르겠네요.

한편, 가장 늦게 여성 참정권을 인정한 사우디아라비아는 같은 해 2015년 지방 선거에서 여성 정치인 20명을 탄생시켰습니다. 모드의 대사처럼 상상해 본 적 없는 참정권이 주어지면 이처럼 엄청난 변화가 생깁니다. 여성에게 참정권이 생긴다면 자신의 삶을 이해하는 여성 정치인에게 투표하는 여성도 많아질 것이고 여성 정치인이 늘어날 확률도 높아집니다. 여성 정치인은 남성이 이해할 수 없었던 여성의 고충을 듣고 그들을 대변할 가능성이 크므로 여성이 살기에 더 좋은 세상으로 한 걸음 나아가게 될 것입니다. 그렇기 때문에 기본권 중 참정권은 매우 중요한 역할을 맡습니다.

112년이 지난 지금도 여전히 기본권들을 위해 싸우는 많은 나라의 여성들이 있습니다. 나라마다 여성 운동은 조금씩 차이가 있지만 우리가 닿을 방향은 같습니다. 여러분도 영화를 보고 그 방향에 대해 생각해 보기를 바랍니다.

함께 토론해 보아요!

♦ 여성 참정권 운동을 진행하면서 평화적인 시위와 격렬한 시위가 공존했습니다. 여러분이 생각하기에 적절한 시위 방법은 무엇인가요?

국가의 폭력에 굴하지 않고 민주주의라는 열매를 얻다

1987

2023년에 탄생한 천만 영화 〈서울의 봄〉은 쿠데타를 일으킨 '전두광'과 그에 맞서 서울을 지키는 수도경비사령관 '이태신'이 보내는 하룻밤을 그리는 작품입니다. 실제 대한민국의 역사를 바탕으로 한 내용이기에 영화를 보면서 무거운 기분이 들었습니다. 많은 분들이 〈서울의 봄〉 다음으로 봐야 할 영화로 〈1987〉을 추천합니다. 이 영화에 〈서울의 봄〉 이후에 벌어지는 일들이 나오기 때문입니다.

영화 〈1987〉은 과격한 시위 현장을 가감 없이 보여 줍니다. 민주주의를 위해 투쟁하고 때로는 피를 흘린 시민들의 모습을 보면서 마음이 아파 옵니다. 영화를 만든 장준환 감독은 민주화 운동이 활발하던 당시 고등학생이었기 때문에 연출할 때 어려움이 많았다고 전했

습니다. 그때 직접 경험하지 못한 일을 어떻게 담아야 할지를 깊이
고민한 거지요. 고민한 만큼 영화는 훌륭하게 만들어졌고, 700만 관
객을 모으며 흥행합니다.

이 영화를 보면서 그 시절에 막 태어난 저도 1987년 6월 민주화를
위해 투쟁한 이들의 땀과 피를 간접적으로 느낄 수 있었습니다. 그
러니 저보다 민주화 항쟁과 더 먼 시대에 태어난 여러분도 이 영화의
울림이 닿을 수 있으리라고 생각됩니다.

❨ 6월 민주 항쟁 전에는 무슨 일이 있었을까? ❩

영화는 대학생 '연희'를 중심으로 진행됩니다. 연희는 홀어머니와
아버지의 역할을 대신한 자상한 외삼촌과 함께 평범하게 살고 있는
대학생입니다. 어쩐지 영화 〈서프러제트〉 속 '모드 왓츠'와 닮은 듯
합니다. 지극히 평범하고 누구도 다치는 걸 원하지 않는 대학생 연
희가 민주 항쟁을 하게 되기까지, 한 개인의 강렬한 1987년은 대한
민국 전체의 1987년이라는 역사와 맞물립니다. 도대체 1987년에는
어떤 일이 있었던 걸까요? 왜 아무 죄 없는 시민들이 피를 흘려야 했
을까요?

국어사전에는 민주주의의 뜻으로 다음과 같이 나옵니다.

민주주의(democracy, 民主主義) : 국가의 주권이 국민에게 있고 국민을

위하여 정치를 행하는 제도, 또는 그러한 정치를 지향하는 사상.

다른 나라의 역사에서 보았듯이 지금 당연히 누리는 대한민국의 민주주의가 처음부터 당연했던 건 아닙니다. 민주주의라는 시스템을 구축하기까지 우리나라는 지난하고 긴 과정을 겪어야 했습니다.

영화가 시작되면 당시 대표 뉴스인 '대한뉴스'에서 전두환 대통령이 신년을 맞아 치안 본부의 인물들에게 훈장을 달아 주는 장면이 나옵니다. 또한 운동권에서 활동하는 사람들이 북한과 관련되어 선동하고 있으며, 자유 민주주의를 해치는 폭력 시위를 한다고 설명합니다. 하지만 실제로도 그랬을까요?

쿠데타로 정권을 잡은 전두환 대통령은 1980년 8월 27일 서울의 장충체육관에서 통일주체국민회의의 투표를 거쳐 무려 99.9%의 지지율로 제11대 대통령에 당선됩니다. 이때의 선거는 오늘날 국민 모두가 직접 투표하는 선거가 아니라 일부 사람들만 투표하는 간접 선거였고, 단일 후보였기 때문에 당선될 수밖에 없는 상황이었지요. 오늘날로서는 상상조차 하기 힘든 부정 선거를 한 것입니다.

시민들은 이러한 독재 정권에 저항해 크고 작은 운동과 항쟁을 벌였지만, 모두 실패로 돌아갔습니다. 언론에는 북한과 연계된 시위를 경계하라고 보도될 뿐이었습니다. 사람들은 알고 있었어요. 언론에서 아무리 민주주의 국가라고 말해 봤자 이 나라는 더 이상 그렇지 않다는 것을요. 내 손으로 뽑지 않은 사람이 거의 만장일치로 대통령으로 당선되다니! 지금으로서는 절대 상상할 수 없는 시대였던 것이지요.

사람들은 계속해서 외칩니다.

"호헌철폐! 독재타도!"

호헌철폐란 '헌(憲)법을 옹호(護)하는 것을 철폐하라'는 뜻이에요. 당시 전두환 대통령은 현행 헌법을 바꾸지 않겠다는 뜻을 밝혔습니다. 그 말인즉슨 독재 정권을 위한 현재의 간접 선거를 고치지 않겠다는 것이지요. 사람들은 그런 독재 정권을 없애자는 의미로 "호헌철폐! 독재타도!"를 외쳤어요.

민주화의 도화선이 된 박종철 고문치사 사건

영화 속 뉴스 장면이 끝나자마자 장소는 남영동으로 옮겨져요. 당시 남영동에 있던 대공분실은 운동권 사람들을 끌고 가서 민주화 운동이 북한의 소행이라는 누명을 씌우기 위해 고문을 일삼던 곳이었습니다. 어린 대학생인 박종철 군은 민주 운동에 참여한 서울대학교 학생이었습니다. 박종철 군은 혹독하게 물고문을 당하다 숨을 거두고 말았어요. 그야말로 국가에 의해 인권이 유린된 끔찍한 사건이었지요.

당시 중앙일보의 신성호 기자가 이 일을 특종으로 보도해 세상에 알립니다. 신성호 기자가 쓴 『특종 1987』에서 1987년 박종철이라는 청년에 대한 이야기를 자세히 기술했습니다. 치안 본부에서는 이

🔖 남영동 대공분실 추모실 사진
저작권자 ⓒjjw
출처 : https://commons.wikimedia.
org/wiki/File:Park_Jong_Cheol_
Memorial_Room_in_Namyeongdong_
Daegong_Bunsil.jpg

무고한 청년의 죽음을 가족에게도 알리지 않은 채 시신을 화장시키려 했습니다.

당시 신 기자는 기삿거리를 찾기 위해 대검찰청 근처를 배회하다 평소 친분이 있던 이홍규 공안 4과장 사무실에 들어갔습니다. 신 기자는 이홍규 과장과 자리에 앉았는데, 이 과장이 "경찰들, 큰일이다." 라는 말을 내뱉었다고 합니다. 영화에도 나오는 장면이지요. 6년 동안 대검찰청을 밥 먹듯이 드나들던 신 기자는 그 말이 범상치 않게 들렸습니다.

"그 친구 대학생이라며. 서울대생? 조사를 어떻게 했기에 사람이 죽어? 그것도 남영동에서."

여기까지가 신 기자가 들은 정보입니다. 신 기자는 즉시 공중전화로 달려갑니다. 중앙일보는 이 사실을 특종으로 보도했고, 이 사실을 보도한 신 기자는 신변이 위험해집니다. 보도 지침을 어겼다는 이유로 중앙일보 사회부 역시 군인들에게 무력으로 진압당하고 맙니다. 그럼에도 불구하고 동아일보를 비롯한 다른 언론사들은 이 사실을 취재하기 위해 애씁니다. 한마음으로 진상 규명을 한 언론 덕분에 이 사건은 한국 민주화의 도화선이 되고 역사적인 특종으로 남았지요.

평범했던 연희가 시청 광장에 올라서기까지

극 중 연희의 아버지는 노동 운동을 하다 돌아가신 것으로 보입니다. 그래서인지 연희는 세상을 바꾸려는 움직임은 아무 소용이 없고 세상은 바뀌지 않을 거라고 생각합니다. 그런 연희가 친구를 만나러 갔다가 시위대 사이에 끼어 군인들에게 진압당할 뻔한 것을 한 남학생이 도와줍니다. 연희는 남학생에게 호감을 갖지만 그것도 잠시, 남학생 역시 운동권에서 활동한다는 사실을 알고 그와 거리를 두려 하지요. 대학교 생활을 하면서 연희는 '폭동'으로 알려진 5.18 민주화 운동의 진실이 담긴 비디오를 보게 되지만 여전히 진실을 마주하는 것이 두려워 자리를 피하고 맙니다.

한편, 영화에는 많은 실존 인물들이 등장합니다. 교도관인 연희의 삼촌은 민주화 운동을 주도한 인물들과 내통하는데, 이들 중 천주교 정의구현사제단의 함세웅 신부와 민주화 운동을 주도한 혐의로 수배된 김정남이 있습니다. 김정남은 몰래 은신하며 진실을 밝히는 활동을 합니다. 안타깝게도 공안 경찰들은 연희의 삼촌이 내통한다는 걸 알아내 삼촌을 남영동 대공분실로 끌고 갑니다. 뉴스에 나오는 일이 연희 자신의 일이 된 순간입니다. 연희 엄마와 연희는 삼촌의 상태를 알기 위해 남영동으로 달려가지만 전경들에게 끌려가 어딘지도 모르는 곳에 버려지지요.

이번에도 지난번에 도움받은 남학생의 도움으로 연희는 가까스로 집으로 돌아옵니다. 연희는 삼촌이 남긴 마지막 쪽지를 발견하고, 삼촌이 고문당하는 것을 막고자 김정남을 찾아가 그 쪽지를 건넵니다. 쪽지에는 박종철 고문치사 사건의 진상이 담겨 있었습니다. 사건의 진실이 기자들의 발 빠른 보도로 전국적으로 알려지고, 고문 사건에 가담한 사람들이 모두 체포됩니다.

그 후 엄마 대신 슈퍼를 보던 연희는 석간신문의 1면에서 낯익은 사람을 발견합니다. 그는 바로 연희가 위급할 때마다 도와준 남학생이었습니다. 그 학생은 최루탄에 맞아 피를 흘리는 모습으로 신문 1면에 실려 있었습니다. 그 모습이 너무나 처참해 큰 충격에 빠진 연희는 홀린 듯이 시청 광장으로 나아갑니다. 삼촌도 모자라 고마웠던 남학생의 희생 앞에서 연희는 더 이상 진실을 외면할 수 없게 됩니다.

시청으로 나간 연희의 뒤를 따라 투쟁하는 남성이 이렇게 말합니다.

"여러분, 또 한 명의 학생이 희생되었습니다. 사경을 헤매고 있는 이한열 열사를 위해 다 같이 외칩시다. 호헌철폐! 독재타도!"

연희에게 도움을 준 남학생은 실제 인물 이한열 열사입니다. 영화는 연희라는 허구의 인물 이야기를 통해 6월 민주화 운동은 우리가 절대 외면해서는 안 된다는 걸 강조합니다. 버스 위로 올라가 광장을 바라보는 연희의 뒷모습과 그 뒤로 올라가는 〈1987〉이라는 제목을 보면 그날의 뜨거운 기운을 느껴 볼 수 있습니다.

　그 이후로는 어떻게 되었을까요? 6월 민주항쟁 이후 '6.29 선언'
이라는 직선제로 개헌하는 특별 선언이 발표되었습니다. 국민들이
그토록 염원하던 대통령 직선제를 이루어 낸 것입니다. 또한 이 역사
를 주축으로 전국적으로 노동자들의 생존권 확보 및 대투쟁이 시작
되었습니다. 이것은 시민들의 민주화 운동이 긍정적인 방향으로 나
아갔음을 보여 줍니다.

인권이 묵살된 국가의 폭력

　박종철 고문치사 사건이나 이한열 열사 사망 사건처럼 사람들의
인권이 국가의 탄압으로 묵살당한 적은 이전에도 있었습니다. 독일
의 나치 정권이 저지른 홀로코스트는 국가의 폭력으로 인간성이 어
디까지 말살될 수 있는지를 보여 줍니다. 우리나라의 경우 4.3 제주

학살을 빼놓을 수 없습니다. 영화에서도 언급되는 5.18 광주 민주화 운동은 '광주 학살'이라고 불릴 정도로 잔인한 국가 폭력의 사례입니다.

그렇다면 국가는 어떻게 사람들에게 폭력을 행할 수 있을까요? 영화에는 연희와 연희 엄마가 전경에게 항의하다가 잡혀가 외딴 시골 마을에 버려진 장면이 나옵니다. 이한열 열사가 연세대 앞에서 시위를 벌일 때 무고한 학생들을 향해 총을 겨누고 최루탄을 던진 군인들도 있었습니다. 이렇듯 국가에는 경찰과 군대가 있습니다.

국가는 경찰과 군인의 무력을 사용할 수 있는 법적인 근거와 정당성이 있습니다. 하지만 이것이 있다고 국가의 폭력이 정당화될까요? 법에 따라 나라를 운영하는 법치 국가에서는 이유 없이 타인에게 해를 입혔을 경우, 법에 의해 처벌받습니다. 길을 가다가 이유 없이 뺨을 맞았다면, 당연히 뺨을 때린 사람이 처벌을 받아야 합니다. 이럴 때는 정당한 근거가 성립됩니다. 그렇다면 국가와 개인 사이는 어떨까요?

국가는 국민을 보호하는 것이 국가의 의무 중 하나이기 때문에 질서를 유지하기 위해 군대와 경찰을 동원할 수 있습니다. 이렇게 해서 경찰과 군대, 그리고 법적 근거와 정당성을 가지고 국가는 국민을 보호한다는 책임 아래 무력을 씁니다. 그런데 이러한 이유들이 악용되기도 합니다. 1980년대 전두환 정권은 영화 첫 장면처럼 '현재의 시위는 북한의 소행이다'라는 근거로 무력 진압과 학살을 서슴지 않았던 것입니다.

문명이 발달하고 역사가 흐르며 과오들을 거듭한 끝에 국가가 예전처럼 개인에게 물리적인 폭력을 대놓고 가하는 일은 줄었습니다. 물론 여전히 전쟁 등으로 죄 없는 시민들이 피해를 입는 곳도 있지만 현대 사회에서 국가의 폭력은 법의 테두리 안에서 교묘하게 변모되어 나타납니다. 영화 〈1987〉을 만든 장준환 감독은 문화계 블랙리스트에 올라 투자처를 찾지 못해 고생했다고 합니다. 문화 예술계 블랙리스트는 당시 국가인권위원회가 나서서 직접 조사한 심각한 인권 침해 사례이지요.

우리가 지난 역사를 되짚어 보고 인권을 공부하는 이유는 여기에 있습니다. 사회가 바뀌어 가면서 인권 침해의 모습도 역시 다양해지고 있기 때문입니다. 특히 학살이라 불릴 만큼 심각한 인권 침해를 아무렇지 않게 행할 수 있는 국가의 폭력은 우리가 더 많이 관심 가져야 할 영역입니다.

함께 토론해 보아요!

♦ 1980년대의 언론이 보여 준 언론의 역할에 대해 생각해 봅시다. 언론은 어떻게 나아가야 할까요?

Part
02

아무것도 아닌
사람은 없다

영화 속 인권을 위해 활약한 사람들

어릴 때 저는 독서를 참 좋아했는데요. 빼곡하게 있던 위인전을 보면서 이 사람들은 어떤 대단한 일을 했기에 사람들이 위인으로 여기고 책까지 있을까 궁금했습니다. 베토벤이나 이순신 장군처럼 훌륭한 예술 작품을 만들거나 나라를 구한 위인들도 많았지만 나이팅게일이나 넬슨 만델라처럼 다른 사람을 위해 헌신한 사람들의 일대기가 어린 저의 마음에 더욱 울림이 컸던 것 같습니다.

이 챕터에서는 그러한 사람들의 이야기를 담은 영화 네 편을
소개하려 합니다. 앞서 소개했던 영화에는 창작된 인물들이
나왔는데, 이번 영화에는 실제 인물들이 나온답니다. 이들이
인권을 위해 어떤 삶을 살아왔는지, 어떤 변화를 만들어 냈
는지를 살펴보면 한 인간의 삶이 사회의 발전에 얼마나 밀
접하게 닿아 있는지 알게 될 것입니다.

아홉 명의 여성 대법관이
이상하지 않은 세상을 위해

세상을 바꾼 변호인

　남자들만 가득한 대학교 입학식에서 한 여성이 보입니다. 어두운 정장을 입은 사람들 가운데 당당하게 파랑색 원피스를 입은 여성은 루스 베이더 긴즈버그입니다. 긴즈버그가 자리에 앉자 옆에 앉은 남성 동기는 의아한 눈으로 쳐다보죠. 영화 〈세상을 바꾼 변호인〉은 긴즈버그가 하버드에 입학하는 것부터 시작합니다. 긴즈버그가 입학한 1956년 가을 하버드 로스쿨 학생 500명 중 단 9명만이 여성이었습니다.

　고환암에 걸려 투병 중인 남편을 간호하고 갓 태어난 첫째를 양육하는 와중에도 긴즈버그는 학교를 빼먹지 않고 학업에 열중합니다. 자신의 공부뿐만 아니라 같은 로스쿨에 재학 중인 남편의 수업도 청강할 만큼 남편을 위해서도 애쓰고 있었어요.

아내의 도움으로 5%의 생존율을 이겨 낸 남편 마틴은 뉴욕으로 발령받습니다. 남편과 함께 이주해야 했던 긴즈버그는 하버드 졸업을 포기하고 뉴욕시 컬럼비아 로스쿨로 편입합니다. 모든 과정이 남편을 중심으로 이루어졌지

🔍 컬럼비아 로스쿨을 졸업한 긴즈버그

만 1950년대에는 전혀 이상할 것이 없었어요. 당시 미국은 가부장적인 문화였으니까요. 공부하는 여성조차 흔하지 않았던 50년대에 긴즈버그는 1959년 컬럼비아 로스쿨을 공동 수석으로 졸업합니다.

하지만 뛰어난 성적으로 졸업한 긴즈버그는 좀처럼 변호사 일을 구하지 못합니다. 면접관들에게 "여자라 너무 감정적일 것이다.", "여자인데 수석이면 얼마나 드셀 것이냐.", "둘째는 언제 낳을 건가?", 심지어 "함께 일하는 남성 동료의 아내들이 질투할 것이다."와 같은 모욕적인 말만 들었을 뿐이지요.

변호사로서 열심히 일하겠다는 각오에도 긴즈버그는 탈락의 고배만 마십니다. 소송이 워낙 많아 변호사 일이 많은 뉴욕에서도 변호사 자리를 구할 수 없자 긴즈버그는 결국 변호사의 꿈을 접고 럿거스대학교와 컬럼비아대학교의 교수로 일을 시작합니다.

컬럼비아대학교로 넘어가는 시기가 영화의 세 번째 파트인 1970년

대입니다. 그 시기 미국은 베트남 전쟁으로 무고한 사람들이 희생당하고 있었고, 시민들의 평화 촉구 시위가 한창 벌어지고 있었습니다. 성차별에 관한 사례 연구를 가르치는 교수로 안온하게 살던 긴즈버그의 인생에도 변화가 찾아옵니다.

첫 번째 변화는 딸과의 관계에서 시작됩니다. 사춘기에 접어든 첫째 딸 제인이 학교를 빼먹는다는 것을 알게 된 긴즈버그는 왜 결석을 했느냐고 딸을 추궁합니다. 그러다 제인이 진보주의 성향 작가의 간담회에 참석하며 평화 촉구 시위에 참여한다는 걸 알게 됩니다. 긴즈버그는 제인을 만류하지만 제인은 "엄마처럼 학교에서 앉아서 떠드는 것은 행동하는 것이 아니다."라며 일침합니다.

딸의 말에 큰 충격을 받은 긴즈버그는 고민합니다. 딸의 말대로 자신은 아무것도 하지 않고 말만 하는 사람이었는지, 그게 정말 자신이 되고 싶었던 모습이었는지 말이지요. 그 후 긴즈버그는 정말 세상을 바꿀 만한 사건을 만나게 되고, 그 사건 이후 인생이 크게 달라집니다.

성별에 근거하여 역차별을 찾아내다

1972년 일명 '모리츠 대 국세청장' 사건은 긴즈버그의 인생을 바꾼 사건 중 하나입니다. 영화의 후반부는 그가 이 사건을 어떻게 처리해 가는지로 구성됩니다. 이 사건은 워싱턴에 사는 찰스 모리츠가 어머니 간병인으로서 지출한 간병비 약 296달러에 대한 세금 공제를 거부당한 것에서 시작됩니다. 부양자인 모리츠가 기혼 남성이거나 여성이면 세금 공제가 되지만, 그는 미혼 남성이었고 법적으로 미혼 남성은 세금 공제가 불가능했습니다.

긴즈버그는 이 소송이 명백한 성차별이라 생각해 남편 마틴과 함께 해결하려 합니다. 긴즈버그가 특히 이 소송에 관심을 가진 건 성차별이 단지 여성만이 아닌 여성과 남성 모두를 해롭게 한다는 걸 입증하기 위해서였지요.

이 사건을 맡기 위해 긴즈버그가 첫 번째로 찾아간 사람은 바로 미국시민자유연맹 법률 감독 멜 울프입니다. 미국시민자유연맹은 미국의 자유를 수호하고, 미국인 모두가 헌법이 보장하는 기본권을 누릴 수 있도록 법원, 입법 기관 그리고 지역 사회에서 활동하는 단체입니다. 우리나라의 국가인권위원회를 생각하면 이해가 쉬울 듯합니다.

멜 울프는 해당 사건을 성차별 문제로 푸는 것에 대해 회의적이었습니다. 사람들에게 쟁점이 되거나, 승소를 할 수 있을지조차 모른다며 부정적인 반응을 보였지요. 멜은 성차별 사건보다 베트남 전쟁이 끝나는 것에 사람들의 관심이 더 많다고 말했습니다. 그가 이런 부정적인 반응을 보이는 이유는, 남성이 차별받은 사건일지라도 선례와 법 조항에서는 여성과 남성이 다르다는 이유로 차별받는다는 것을 근거로 삼아야 했기 때문이지요. 멜의 입장은 다음과 같아요.

"여성은 소수자가 아니에요. 인구의 51%나 해당하잖아요. 음수대도 같이 쓰고 화장실에 제한도 없죠."

이렇게 말하는 멜 울프의 사무실에서 여성 직원이 차를 대접하는데 그 모습이 참 아이러니합니다. '소수자'를 문자 그대로 해석하면 '수가 적은 사람들'이니 그렇게 보일 수도 있습니다. 하지만 권리의 측면에서 본다면 주류에서 벗어난 사람들 즉, 목소리가 적은 사람들 역시 소수자라고 할 수 있어요. 그런 의미에서 여전히 여성도 소수자입니다. 1970년대 긴즈버그가 사건을 맡을 당시에는 더더욱 그랬고요.

사건 당사자인 모리츠를 만난 긴즈버그는 그가 결혼한 적 없이 어머니를 돌보며 어머니가 불편하지 않도록 간병인을 고용했다는 걸 알게 됩니다. 긴즈버그와 인터뷰하면서 모리츠는 사회의 기득권층인 남성이 법을 만들기 때문에 미혼 남성이 부모를 돌볼 거라는 생각조차 하지 못했을 것이라고 대답합니다. 보통의 남성은 돌봄 노동을 하지 않기 때문입니다.

긴즈버그는 여성 법조인들이 반드시 존재해야만 하는 이유에 대해 이렇게 말합니다.

"저는 당신이 받지 못한 296달러 때문에 온 것이 아닙니다. 저를 고용하실 수도 있겠지만 변호는 무료로 해드리고 싶어요. 판사가 틀린 게 아니라 법이 틀렸습니다. 저는 법정에서 당신과 관련된 그 법이 위헌임을 입증할 겁니다."

이후 긴즈버그는 남편과 밤낮으로 조사하며 변호하기 위해 피나는 연습을 합니다. 긴즈버그는 성별에 근거해 차별하는 것이 부당하며 여성에 대한 차별이 없어져야 남성 역시 차별에서 벗어날 수 있다는 변론의 취지서를 만듭니다. 이때 '성별에 근거한다'는 말인 'On the basis of sex'에서 'sex(성)'라는 단어가 판사들의 혼란을 부추길 수 있다고 판단해 'gender'라는 표현을 사용합니다.

베트남 참전에만 관심을 둔 미국시민자유연맹 감독 멜은 고민 끝에 긴즈버그와 연대하기로 합니다. 멜을 비롯해 긴즈버그는 제자들과 함께 첫 번째 싸움에서 승소하고자 노력을 기울이지만 일이 제대로 진행되지 않습니다. 판사들 역시 매우 공격적이고, 성별에 근거하여 차별하는 법을 수정하고 싶지 않은 것 같습니다. 지나치게 급진적인 변화라고 생각했기 때문입니다.

그런데 결과는 어땠을까요? 변론을 성공적으로 이끈 긴즈버그의 업적은 미국 인권 사회에 역사로 남았기에 지금의 영화로 만들어질 수 있었습니다. 긴즈버그의 마지막 변론이 궁금하신가요? 영화를 감사하며 직접 그 감동을 느껴 보세요.

〔 아홉 명의 대법관 중 여성은 아홉 명이 되어야 한다 〕

"아홉 명 정원의 대법관 중 몇 명이 여성이 되어야 충분할 것 같냐는 질문을 많이 받는다. 난 언제나 '아홉 명'이라고 답한다. 그럼 다들 놀란다. 하지만 이전에 남성 아홉 명이 연방 대법원을 이끌었을 때, 그 누구도 여기에 의문을 안 품지 않았나."

이 말은 긴즈버그의 명언 중 가장 유명한 말이 아닐까 싶은데요. 긴즈버그의 저 말을 해석할 때 '아홉 명'을 단순히 숫자로만 생각해서는 안 됩니다. 그동안 대법관 전원이 남성이었을 때 아무도 문제를 품지 않은 것처럼, 일상생활 속에서 이루어진 성차별 역시 그동안 아무런 문제가 되지 않았다는 뜻입니다. 문자 그대로 대법관 전원을 여성으로 구성해야 한다는 말이 아니라, 그동안 관행적으로 굳어진 성차별 문화와 사회 구조를 개선하려면 지금보다 더 많은 여성 법조인이 필요하다는 말일 것입니다.

모리츠 사건 이후로 긴즈버그는 멜과 함께 미국시민자유연맹의 변호사로 활동하며 주로 성차별 사건을 적극적으로 맡기 시작합니다. 긴즈버그의 이름을 알린 대표적인 사건은 1975년에 일어난 '와인버거 대 와이젠펠드 사건'입니다. 아내와 사별한 후 홀로 아이를 양육하던 와이젠펠드는 육아와 경제 활동을 동시에 하기가 버겁다고 판단해 도움을 받을 기관에 찾아갑니다. 하지만 남성에게는 보육수당이 지급되지 않는다는 이유로 아무것도 받지 못하지요. 긴즈버그는 모리츠 때처럼 남성 역시 성별에 근거한 차별을 받을 수 있다며 이 사건을 적극적으로 변호해 승소합니다.

이 밖에도 인종 차별과 노동권, 성소수자 등을 위해 힘쓰던 긴즈버그는 1993년 클린턴 정부 시절에 대법관으로 임명됩니다. 미국은 대법관으로 임명되면 생을 마감할 때까지 자리를 지켜야 합니다.

소수자를 대표하던 긴즈버그는 자신이 없으면 소수자를 위한 대법관들이 줄어들 것을 우려하며 췌장암을 투병하는 당시에도 건강

클린턴 대통령의 대법관 지명을 수락하는 긴즈버그의 모습
출처 : 미국 국립문서기록관리청(National Archives and Records Administration)

루스 베이더 긴즈버그(2016년)
출처 : 미국 대법원

관리를 열심히 했습니다. 그런 노력에도 불구하고 안타깝게 2020년 우리 곁을 떠난 긴즈버그는 여전히 소수자의 편에 선 영웅으로 남아 있습니다.

미디어에도 변화의 바람이 일어나고

여성은 물론 남성 역시 차별 받고 있다는 '맨박스'의 개념을 아시나요? 『맨박스』란 토니 포터가 2016년에 출판한 여성주의 서적입니다. 이 책에는 남성들 역시 가부장제가 만들어 놓은 고정관념에 갇혀 있음을 지적합니다. 여자는 여자답게, 남자는 남자답게 만드는 교육은 어디서부터 시작될까요? 가장 중요한 환경은 가정일 것입니다. 하지만 저는 여아와 남아를 키우며 오래도록 인권 공부를 하면서 깨닫게 되었습니다. 아이들이 커갈수록 성별에 대한 고정관념은 부모와 가족의 영향도 있지만 미디어의 역할이 크다는 것을요. 여러분도 어릴 때 본 미디어에서 알게 모르게 영향을 받은 부분이 있을 것입니다.

대부분의 만화에서 남성 캐릭터는 개구쟁이거나 모험을 즐기는 천방지축으로 표현되는 반면에 여자아이들은 인형과 소꿉놀이를 좋아하고 얌전한 캐릭터로 설명되는 경우가 많았습니다. 이렇게 미디어에서 고정적으로 그려 내는 성별에 대한 이미지는 성별에 대한 고정관념으로 이어질 수 있습니다. 시대가 많이 변하긴 했지만 여전히 이런 성차별은 남아 있습니다. 남자아이가 가만히 앉아서 책을 보거나 아기자기한 걸 좋아하면 우려를 듣거나 놀림을 받고, 천방지축인 여자아이는 '조신하지 못하다'라고 혼나는 경우가 있지요.

이러한 고정관념은 아이들의 성격에도 지대한 영향을 미칩니다. 예쁜 공주만 보고 자란 아이들은 자연스럽게 외모에 관심이 많을 수밖에 없고, 울지 않는 강한 남성을 보고 자란 아이들은 감정 표현에 서투를 수밖에 없습니다. 긴즈버그가 성차별은 모두에게 불이익을 준다고 판단한 이유가 이것입니다. 여성은 여성의 인권을 위해, 남성은 맨박스에서 벗어나기 위해 노력해야 남성과 여성 모두 스스로의 발목을 잡는 고정관념에서 해방될 수 있습니다.

다행히 이런 고정관념을 깨기 위한 변화도 일고 있습니다. 미국의 미디어그룹인 디즈니는 아주 오래전에 만든 애니메이션 동영상을 서비스할 때 다음과 같은 경고 문구를 넣습니다.

이 애니메이션은 성 고정관념을 담고 있으니 어린이가 시청할 때 적절한 교육이 필요합니다.

최근에 제작되는 영화에서는 여성 캐릭터를 능동적이고 주체적인 모습으로 표현하는 경우가 많습니다. 디즈니가 새롭게 변화시키는 문화는 긴즈버그가 첫 선례를 만든 것과 같은 효과가 있을 거라고 생각합니다. 앞으로 더 다양한 남성과 여성 캐릭터를 만나 볼 수 있지 않을까 기대해 봅니다.

함께 토론해 보아요!

◆ 영화에는 "생각이 바뀌어야 법이 바뀐다."는 대사가 나옵니다. 여러분은 이 말에 동의하시나요? 아니면 법이 바뀌어야 사람들의 생각이 바뀐다고 생각하나요?

◆ 남성과 여성이 겪는 차별적인 지점들을 정리해 보고 이를 해결하기 위한 방안에 대해 생각해 봅시다.

평화를 꿈꾸며 87km를 행진한 인권의 아버지

셀마

　밤낮없이 낯선 사람에게 가족들을 해칠 것이라는 협박성 전화를 받는 삶은 어떨지 상상해 본 적 있나요? 생각만 해도 지옥일 것 같습니다. 영화 〈셀마〉의 주인공 마틴 루터 킹과 그의 아내는 그런 전화를 평생 받았다고 합니다. 마틴의 아내 코레타는 협박 전화에 익숙해지는 삶이 무섭다고 자조합니다. 그럼에도 도저히 익숙해지지 않는 건 남편을 어떻게 죽일 것인지를 매일매일 듣는 것이라고 울부짖습니다. 하지만 마틴은 그런 삶을 멈출 수 없었습니다. 흑인 인권 운동에 앞장서는 것이 숙명이라고 생각했기 때문입니다.

　영화 〈노예 12년〉에서 보았듯이 미국의 인종 차별은 굉장히 복잡한 역사를 지니고 있습니다. 노예 해방 이후에도 유색 인종을 분리하는 법인 '짐 크로 법(Jim Crow Laws)'이 1876년부터 1965년까지 시행되었습니다. 흑인과 백인은 함께 버스를 타지도 않았고 흑인은 백인에게 자리를 양보해야만 했습니다.

제목 〈셀마〉는 미국 남부의 한 지역입니다. 남부 지역은 북부에 비해 인종 차별이 훨씬 심했고 노예 제도도 훨씬 오래 유지했던 곳입니다. 영화는 마틴 루터 킹의 인생 전반 중 이 셀마에서 있었던 행진을 중심으로 보여 줍니다.

나에게는 꿈이 있습니다

마틴 루터 킹은 인종 차별이 심한 1920년대에 운이 좋게 유복한 집안에서 태어났습니다. 목사인 아버지를 비롯한 가족들이 개신교 신자였기 때문에 마틴 역시 개신교를 믿었습니다.

개신교의 교리에 있는 개념처럼 마틴 루터 킹은 모든 인간이 평등하다는 것을 당연하게 받아들입니다. 피부색에 상관없이 신은 모든 인간을 똑같이 창조하고 사랑한다고 믿었습니다. 어릴 때부터 흑인 민권 운동에 관심이 많았기에 변호사라는 꿈을 키웠지만, 아버지의 반대에 부딪혀 마틴은 목사가 됩니다. 그는 앨라배마주 몽고메리 지역에서 침례교 목회를 시작했습니다. 앨라배마 몽고메리 지역은 셀마와 가까운 남부 도시입니다.

1955년 12월 이 지역에서 흑인 민권 운동에 불을 지핀 결정적인

👉 *1955년 로자 파크스와 마틴 루터 킹의 모습*

사건이 일어납니다. 바로 로자 파크스 사건입니다. 로자 파크스라는 흑인 여성이 버스 안에서 백인 남성의 자리 양보 요청을 거부했다는 이유로 경찰에 연행됩니다.

그때는 흑인 차별을 당연시하는 짐 크로 법이 있었는데, 이 법에 의하면 공공 기관에서는 흑인과 백인이 분리되어야 했습니다. 학교, 대중교통, 화장실, 식당, 식수대 등 전부 따로 써야 했지요. 즉 짐 크로 법은 흑인 차별을 인정하는 공식적인 법이었던 것입니다.

마틴 루터 킹은 이 사건이 일어나자 몽고메리 버스를 타지 않겠다는 성명을 냅니다. 그리고 사람들에게 자신과 함께해 달라고 호소합니다. 그의 진실된 호소로 5만 명이 넘는 시민들이 뜻을 같이했고, 마침내 1956년 12월 버스 내 인종 분리법은 위헌이라는 판결이 내려집니다.

그 뒤로 미국 전역을 돌며 흑인 민권 운동을 펼치면서 마틴 루터 킹은 의문의 여성에게 피습을 당하고 난데없이 폭행당하기도 했습니다. 그러나 목회를 하는 목사이자 비폭력 저항의 상징인 간디를 존경했던 마틴 루터 킹은 비폭력이라는 원칙을 지켰습니다. 영화의 중반부를 보면 시위에 참여하는 흑인들이 경찰에게 폭행당하자 한 흑인은 총을 가지러 가자고 합니다. 그러자 마틴 루터 킹은 "만약 우리

가 폭력을 행한다면, 시민들
은 절대 이 시위를 지지하지
않을 것입니다."라며 그를 만
류합니다.

비폭력으로 일관하며 민권
운동을 벌인 그는 1963년 노
예 해방 100주년을 기념하며
워싱턴 광장에서 연설을 합
니다. 아마 여러분도 한 번쯤

❯ 워싱턴에서 연설 중인 마틴 루터 킹

은 들어 봤을 명연설로, 당시 군중은 물론이고 다른 지역의 사람들에
게도 큰 울림을 주었습니다.

"나에게는 꿈이 있습니다. 언젠가 이 나라가 모든 인간은 평등하게 태어
났다는 것을 자명한 진실로 받아들이고, 그 진정한 의미를 신조로 살아
가게 되는 날이 오리라는 꿈입니다. (중략)
나에게는 꿈이 있습니다. 나의 네 아이들이 피부색이 아니라 인격에 따
라 평가받는 그런 나라에 살게 되는 날이 오리라는 꿈입니다.
오늘 나에게는 꿈이 있습니다."

이 연설은 사람들에게 큰 감명을 주고 '최고의 연설'이라는 평가를
받습니다. 이후 1964년 미국의 민권법이 제정됩니다. 이로서 인종
차별이 법으로 금지되었고, 같은 해 10월 14일에 마틴 루터 킹은 최

연소 노벨 평화상 수상자가 됩니다.

{ 목숨을 건 '평화의 행진'을 시작하다 }

노벨 평화상을 받은 직후 연설하는 마틴 루터 킹과 오버랩되는 장면이 있습니다. 흑인 여자아이 네 명은 킹 목사의 연설과 아내 코레타의 옷차림이 예쁘다며 여느 아이들처럼 웃고 떠들고 있는데요. 평화로운 모습도 잠시, 난데없이 터져 버린 폭탄으로 네 명의 무고한 아이들이 사망합니다. 저는 이 장면에서 너무 놀라 소리를 질러 버렸어요. 이 사건은 앨라배마주의 한 교회에 인종주의자가 폭탄을 설치해 흑인들을 테러한 사건입니다.

몽고메리에서 로자 파크스 사건이 일어난 지 10년이 채 안 되었는데 몽고메리의 주변인 셀마에서 이런 일이 또 벌어지다니. 게다가 셀마는 흑인 인구가 절반 이상임에도 투표권을 갖지 못할 만큼 차별이 심각한 상황이었습니다.

마틴 루터 킹은 참정권을 찾기 위해 평화 행진을 하기로 합니다. 셀마부터 몽고메리까지 총 3차례에 걸친 행진으로, 무려 87Km에 달하는 거리였습니다. 500명이 넘는 인권 운동가들이 흑인의 참정권을 요구했으며 80번 고속도로를 따라 행진했습니다.

당시 앨라배마주의 주지사는 조지 월리스였는데, 영화 속 그는 유색 인종 차별에 관심이 없을뿐더러 무력으로 그들을 저지하려 했습

니다. 이 과정에서 지미 리 잭슨이라는 젊은 청년이 희생됩니다. 청년의 희생에 사람들이 항의했지만 경찰은 몽둥이와 최루탄으로 진압합니다. 이 첫 번째 행진이 이루어진 1965년 3월 7일은 '피의 일요일'로 불립니다. 당시에 마틴 루터 킹은 개인적인 사정으로 함께하지 못했고 짐 베벨이라는 활동가가 첫 번째 행진을 주도했습니다.

3월 9일에 시작된 두 번째 행진에는 드디어 마틴 루터 킹이 합류합니다. 무고한 청년의 죽음과 경찰의 폭력으로 쓰러진 사람들을 이야기하며 킹 목사는 언론을 활용해 전국의 성직자와 인권 운동가들이 앨라배마로 모여 달라고 요청합니다. 합류한 사람 중에는 신부, 목사 같은 성직자는 물론 백인 인권 운동가들도 있습니다. 그중 백인인 제임스 리브는 백인 우월주의자들에게 공격을 당해 3월 11일 숨을 거둡니다.

이렇게 많은 공격과 폭력을 휘둘렀음에도 그들은 행진을 멈추지 않았습니다. 미국 전역에서는 시민 불복종 운동이 나비 효과처럼 벌어졌지요. 당시 대통령 린드 존슨은 두 번째 행진을 마친 후인 3월 15일 흑인 투표를 막는 법과 관행을 금지하는 법을 제정합니다. 행진으로 인한 긍정적인 변화가 점점 나타나고 있었습니다.

3월 21일 세 번째 행진에는 전국에서 더 많은 사람들이 모여 무려 2만 5000명이 행진을 합니다. 또 경찰에게 폭력을 당할까 두려웠지만 그들은 계속 걸었습니다. 그리고 끝내 육군의 보호 아래 주 의사당에 입성합니다. 87Km의 대장정이 막을 내리는 순간이었습니다.

셀마 행진 때 지지부진한 의견을 보인 린드 존슨 대통령은 같은 해 1965년 8월 6일 미국 역사상 가장 중요한 민권법 중 하나로 여기는 흑인 투표권법에 서명합니다. 이 서명으로 투표와 관련된 흑인을 향한 어떠한 형태의 차별도 금지되었으며, 투표 절차나 관행 등을 요구하는 행위도 엄격하게 금지되었습니다. 비폭력 운동이 승리하는 결정적 순간이었습니다.

이 법이 통과되기 이전에는 주마다 법이 달라서 주 정부의 차별적 관행을 연방 정부가 알게 모르게 인정해 주었습니다. 하지만 이 법이 통과되자 연방 행정부는 주 정부가 선거법과 정책을 변경할 때 무조건 미리 알려야 한다는 조항도 포함시켰습니다. 이제 투표와 관련되어 흑인이 당한 차별을 연방 행정부가 감시하게 된 거지요. 1619년부터 시작된 미국의 흑인 노예 역사에서 346년 만에 일어난 엄청난 변화입니다.

물론 흑인이 참정권을 가졌다고 해서 흑인 차별이 아예 없어진 것은 아닙니다. 미국을 비롯한 서구의 여러 나라에서는 여전히 인종에 따른 차별이 있고, 최근에도 이유 없는 폭행과 범죄가 일어나고 있습니다. 그에 대한 사례는 후반부에 나올 영화 〈겟 아웃〉을 통해 조금 더 자세히 알아보도록 해요.

말콤 엑스, 그는 누구인가?

영화에서 주목해야 할 또 다른 인물이 있습니다. 바로 말콤 엑스입니다. 그는 미국에서 마틴 루터 킹과 함께 시민 운동가이자 인권 운동가로 알려졌지요. 1952년부터 이슬람 종교를 접하며 개종한 말콤 엑스는 뛰어난 언변 실력으로 자신이 만든 종교 조직을 10년 만에 50배 이상 성장시킵니다. 그만큼 사람을 설득하는 데 출중했던 인물이지요.

그런 말콤 엑스가 감옥에 갇힌 마틴 루터 킹을 돕겠다고 제안하지만 킹 목사는 이를 반기지 않습니다. 두 사람은 흑인의 인권 운동이라는 같은 목표를 지녔음에도 완전히 다른 노선을 가고 있었기 때문입니다.

말콤 엑스는 흑인과 백인

▶ 1964년 마틴 루터 킹과 만나는 말콤 엑스

의 분리 정책을 지지했습니다. 그는 차라리 백인과 섞이지 않은 채로 흑인들만의 사회를 만들자고 했습니다. 민권 운동 초반에 말콤 엑스가 주장했던 운동은 '흑인 분리주의 정책'과 유사합니다. 그만큼 지지하는 사람과 반대하는 사람이 극단으로 나뉠 수밖에 없었습니다. 과격한 인권 운동을 펼치는 말콤 엑스의 눈에 평화적인 방향으로 백인과 공존하자고 주장하는 마틴 루터 킹이 탐탁지 않았을지 모릅니다.

말콤 엑스의 이런 의견은 다음과 같은 연설에서도 드러납니다.

"원수를 사랑하라는 것은 미친 생각이다. 지적인 사람이 어떻게 그런 주장을 할 수 있는지 이해할 수 없다. 원수 사랑을 실천하는 백인은 본 적이 없었다. 백인은 단지 마틴 루터 킹을 이용해서 백인 사회가 아닌, 흑인 사회에 비폭력을 조장하고 있었을 뿐이었다. 여러분의 원수를 사랑하지 말라. 여러분 자신을 사랑하라."

출처 : 『맬컴 X vs. 마틴 루터 킹』 제임스 H. 콘 지음, 정철수 옮김,
갑인공방(갑인미디어), 182쪽

같은 목표를 지향하면서 서로 주장하는 바는 달랐지만, 두 사람 모두 흑인 민권 운동에서 빼놓을 수 없는 인물입니다. 말콤 엑스는 마틴 루터 킹이 석방된 지 얼마 지나지 않아 39살의 젊은 나이로 암살당하고 맙니다.

마틴 루터 킹과 같이 평화주의자가 아닌 데다가, 다소 급진적이고

과격했던 방식으로 인해 말콤 엑스를 부정적으로 바라보는 시각도 있습니다. 그럼에도 미국에 있는 흑인들에게 자긍심과 인권 의식에 큰 영향을 끼친 인물이기도 합니다. 말콤 엑스에 대해 더 궁금하다면 영화 〈말콤 X〉를 감상해 보는 것을 추천합니다.

함께 토론해 보아요!

◆ 미국 사회에서 흑인 차별 문제는 아직도 끊이지 않습니다. 가장 최근에 일어난 흑인 차별 사건에 대해 조사해 보고 그에 대한 생각을 정리해 봅시다.

우리는 일하는 기계가 아니라 사람이기 때문에

태일이

어릴 적 언니와 서로 칭찬받을 만한 일을 하면 "아름다운 청년, ○○"이라면서 장난스럽게 말하고는 했습니다. 그건 제가 초등학생이던 1995년에 개봉한 영화의 제목을 따라 한 말이었는데요, 영화 제목은 〈아름다운 청년 전태일〉이었습니다. 그 영화를 제대로 본 적도 없으면서 전태일이라는 인물이 '분신자살'했다는 이야기가 어린 시절에도 꽤나 충격적이어서 기억에 남았던 것 같습니다. 하지만 우리가 기억해야 할 것은 그의 '죽음'이 아니고 그가 살았던 '삶'입니다.

그를 아름다운 청년이라 부르는 이유

전태일의 죽음보다 삶에 집중해야 하는 이유는 전태일의 이름 앞에 '아름다운 청년'이라는 수식어가 붙은 이유와 같습니다. 다른 사람을 향한 공감과 반성, 희생이 담긴 그의 삶은 그 자체로 매우 숭고하기 때문입니다.

1948년 해방 직후 전태일은 대구에서 태어나 옷을 만드는 아버지 밑에서 장남으로 자랐습니다. 가족으로 남동생 태삼이와 여동생 순덕이까지 있었고 전쟁 직후 대부분의 사람이 그렇듯 가난과 싸우며 하루하루 힘겹게 살아가고 있었습니다. 엎친 데 덮친 격으로 재단사로 일하던 아버지가 사기를 당해 전 재산을 몰수당하고 맙니다. 이때의 충격으로 아버지는 알코올 의존증에 빠져 태일이 학교를 그만두게 만드는 등 폭력적인 모습을 보입니다.

결국 가족들은 뿔뿔이 흩어졌고, 전태일은 거리에서 구두를 닦거나 자질구레한 물건을 파는 등 닥치는 대로 일하며 가난을 버텨 냈

🌀 *2020년 청계천에 자리한 평화시장의 모습*
저작권자 ⓒ Stck w
https://commons.wikimedia.
org/wiki/File:Pyoung_
Hwa_Fashion_Plaza,_
Seoul_2020-02-01.jpg

습니다. 가족들과 힘겹게 재회하고도 생계를 위해 일해야만 했지요. 전태일은 17살에 지금의 서울 청계천 부근 평화 시장 피복점에 재단 보조로 취직합니다.

영화에 나오듯이 전태일은 일도 잘하고 성실하기까지 해서 어린 나이였지만 재단사로 승진합니다. 그는 점차 공장을 창업하려는 꿈을 품습니다. 재단사로 승진만 하면 모든 것이 잘 풀릴 거라고 생각했지요. 그러다 태일은 과도하게 일하면서도 제대로 된 보수를 받지 못하는 동료들을 보게 됩니다. 환기도 제대로 되지 않은 공장에서 일하며 건강이 나빠지는 직원들을 보며 그는 무언가 잘못되었다는 생각을 합니다. 이런 업무 환경에 대해 태일은 아버지와 상의했지만 "공장을 가지려면 아무 말 하지 말고 사장이 시키는 대로 하라."는 충고만 듣게 됩니다.

그런 그의 인생을 통째로 바꿀 일이 일어납니다. 동료 영미가 환기가 제대로 안 되는 공장에서 일하며 심한 기침을 하다가 결국 폐렴에 걸린 것입니다. 이 일로 영미는 직장에서 해고됩니다. 그동안 부당함을 묵묵히 참던 태일은 더 이상 견딜 수 없었습니다. 그는 함께 일하는 동료를 향한 동질감과 미안함에 동료들에게 병원비를 모금하고 사장에게도 병원비를 지급해 달라는 의견을 냅니다. 하지만 이 일을 계기로 그동안 성실하다고 칭찬받던 태일은 한순간에 밉상으로 전락해 버리지요.

부당함을 견디라고만 하던 아버지 역시 영미가 겪은 일은 너무하다고 생각했는지 태일에게 문제를 해결할 방법을 충고합니다. 바로 근로 기준법을 공부하라는 것이었어요. 아버지의 이 말에 태일은 있는 돈을 털어 서점에 가서 근로 기준법과 관련된 책을 구입합니다.

태일은 책을 읽고 나서 평화 시장의 동료들과 노동조합인 바보회를 결성합니다. 그리고 노동 운동을 시작하지요. 그가 가장 처음 찾아간 곳은 근로 감독관이 있는 노동청입니다. 노동청에 자신들의 부당함을 호소했지만 얻는 것 하나 없이 태일은 직장에서 해고되고 맙니다. 사장은 태일을 해고하며 "평화 시장에 다시는 발도 못 붙일 것."이라며 으름장을 놓았지요.

태일은 건설 현장에서 일용직을 전전하다 함께 일하던 김목사의 충고로 1970년에 평화 시장으로 돌아옵니다. 폐병이 나은 영미, 태일이 재단 보조사로 있을 때 재단사로 일한 신씨 아저씨 등 태일을 돕겠다는 사람도 하나둘 늘어났지요. 그들은 삼동회라는 새로운 노동 단체를 결성합니다. 그들이 원한 것은 대단한 것이 아니었습니다. 평화 시장의 노동 환경을 개선해 줄 것, 근로 기준법에 나온 노동 시간을 지킬 것, 일요일은 쉴 것 등 현대 사회에서 지켜지는 기본적인 요건들이었지요. 이런 기본이 지켜지지 않아 노동자들이 병에 걸리고 임금도 제대로 받지 못했던 것입니다.

노동청에 신고하는 것에 한계를 느낀 단체는 시위를 결심합니다. 하지만 시위를 해본 적도 없고 절차도 모르는 태일은 재단 보조 시절에 우연히 알게 된 형사에게 도움을 요청합니다. 형사는 그들을 도와줄 것처럼 굴었지만 사실 그들을 막아서 몇 차례 시위가 무산됩니다.

전태일의 노동 단체는 굴하지 않고 노동 실태를 알리는 설문 조사를 해 경향신문에 제보해 이슈를 만들어 냅니다. 하지만 기사가 터진 후에도 노동청에서 형식적인 감사만 할 뿐 사실상 근로 환경은 나아지지 않았습니다. 오히려 난데없이 "빨갱이들(당시 북한 사람을 부르던 말)"이라는 낙인만 돌아왔지요.

한편, 태일의 아버지는 건강이 나빠져 세상을 떠나게 됩니다. 아버지는 유언으로 어머니 이소선 여사에게 "태일이가 하는 일을 막지 말라."는 말을 남깁니다.

1970년 11월 13일 전태일과 삼동회는 청계천 앞에서 근로 기준법을 지키기 위한 시위를 계획했습니다. 하지만 시작하기도 전에 경찰과 고용주들에게 제지되며 무차별 폭행을 당합니다. 제대로 된 시위도 한번 못하고 무산될 위기에 처하자 태일은 마음을 굳히고 자신의 몸에 휘발유를 끼얹었습니다. 몸에 불을 붙인 채로 태일은 평화 시장으로 달려 나가 외쳤습니다.

"근로 기준법을 준수하라! 우리는 기계가 아니다! 일요일은 쉬게 하라! 노동자들을 혹사하지 말라!"

전신에 중화상을 입은 태일은 병원으로 옮겨졌지만, 돈이 없다는 이유로 거부당합니다. 결국 마지막으로 명동 성모 병원에 옮겨져 죽음을 맞이합니다. 태일은 사망 직전에 이소선 여사에게 "어머니, 제가 못 이룬 꿈을 어머니가 이뤄 주세요."라는 유언을 남기고 22세의 나이로 숨을 거둡니다.

전태일 열사의 죽음은 한국 현대사의 굵직한 역사가 되었습니다. 그가 없었다면 한국 노동자들의 권리를 존중받기까지 수십 년이 걸

렸을 거라는 말이 있을 정도로 노동 운동과 노동권 발달에 큰 영향을
주었습니다.

이 사건 이후로 노동자들은 더 이상 수동적인 근로자가 아니라 주
체적인 인간으로서 행동하기 시작했습니다. 평화 시장과 공단의 경
우, 여성 노동자가 많았기 때문에 1970년대의 노동조합은 여성 노동
자들의 중심으로 활동했습니다. 또한 1987년 6월 항쟁의 영향으로
'1987년 노동자 대투쟁'이 일어났으며 대기업에서 남성 노동자 중심
의 노동조합이 대거 세워졌습니다.

초등학교를 중퇴했음에도 전태일의 일기장에는 감정을 표현하는
글들이 많이 남겨져 있습니다. 아래의 글을 보면 그가 노동의 가치를
얼마나 소중하게 생각했는지, 인간의 존엄성을 얼마나 중요하게 생
각했는지 알 수 있습니다.

인간을 물질화하는 시대.

인간의 개성과 참 인간적 본능의 충족을 무시당하고

희망의 가지를 잘린 채, 존재하기 위한 대가로

물질적 가치로 전락한 인간상(人間像)을 증오한다.

1969년 겨울의 일기 中

출처 : 『전태일 평전』, 조영래 지음, 아름다운전태일

"내 몸이 가루가 되어도 니가 원하는 거 끝까지 할 거다!"

전태일의 어머니 이소선 여사는 태일이 사망한 후 태일의 유언을 지키기 위해 태일의 뜻이 이루어지기 전까지 절대 장례를 치르지 않겠다는 단호한 태도를 보였습니다. 장례를 빨리 해야 이 사건이 잊히기 때문에 노동청 관계자는 이소선 여사를 찾아와 그와 남은 동생들에게 큰 돈을 주겠다고 회유했다고 합니다. 이소선 여사와 동생들은 끝까지 소신을 지켰고, 노동청장이 평화 시장에 노조를 세우는 것을 허락한 후에야 장례를 치렀습니다.

이소선 여사는 장례식을 마치고 전태일의 동료인 삼동회 회원들과 '청계 피복 노동조합(청계노조)'를 설립합니다. 이는 이소선 여사가 태일의 유언을 지키기 위해 한 첫 번째 업적입니다. 청계 피복 노조는 태일과 함께 일했던 평화 시장의 노동자들과 연대하며 자신들의 권익을 위해 싸웠어요. '노동 교실'을 설립해 노동자 교육 기관을 만들었고, 이를 해체시키려는 사업주들에 대항해 농성을 벌이며 노동 교실을 지켜낸 기록이 있습니다.

이 조합을 시작으로 당시 동일방직, YH무역 등과 싸우던 노동자들은 좀 더 체계적인 활동이 필요하다는 것을 깨달았습니다. 수동적이기만 했던 노동자들이 인권을 위해 주체적으로 나아가기 시작한 것입니다. 1970년대에만 약 2500개가 넘는 노동조합이 조직되었고, 1980년 초반에는 노조가 활발히 결성되었습니다. 영화에는 전태일 열사가 눈을 감기 전에 어머니에게 한 말이 나오는데요, 자신이 죽은 다음에 분명 큰 변화가 있을 거라는 말이었습니다. 태일의 말대로 그 숭고한 죽음 뒤에는 엄청난 변화가 있었습니다.

🌐 전태일의 영정 사진을 들고 있는 이소선 여사 　　　ⓒ전태일기념관

이소선 여사는 전태일과 같은 아들과 딸을 위해 노동자가 있는 곳은 어디든 가리지 않고 찾아가 '청계천 노동자의 어머니'라고 불렸습니다. 아들을 먼저 보내고 나서 1970년부터 노동 운동을 열정적으로 펼치고, 돌아가시기 전까지 약 40여 년간 노동 운동과 민주화 운동에 헌신했습니다.

이소선 여사는 노동 운동을 하는 사람들에게 "살아서 싸워라."라는 말을 자주 했습니다. 전태일 열사의 희생으로 노동 운동에 뛰어든 사람이 많았는데 그들이 무고한 희생을 하는 걸 원치 않았기 때문입니다. 이소선 여사는 활동가로 일하며 총 250여 차례 구속되었고, 총 3년이 넘는 감옥살이를 했다고 합니다.

전태일 열사가 사망한 지 53년이 지났고, 이소선 여사가 작고한 지 12년이 지난 지금도 여전히 노동 현장에는 해결해야 할 일들이 많이 있습니다. 민주 노총이 발표한 2023년 자료에 따르면 4명 중 1명(28.1%)은 최근 1년 내 임금 체불을 당한 것으로 나타났습니다. 그들의 희생을 기억하며 노동 인권이 한층 성장하는 사회가 되기를 바랍니다.

} 누구든 인간답게 일할 권리가 있다 {

'노동'이라는 단어를 들으면 어떤 생각이 드나요? 혹시 하기 힘든 일과 같은 부정적인 생각이 먼저 떠오르나요? 청소년들에게 '노동 자'라는 단어를 들었을 때 어떤 단어가 연상되냐고 물어보면 '로봇', '노예', '머슴', '힘들다', '거지' 같은 말이 생각난다고 답하는 경우가 많이 있습니다. 아마도 사람들이 떠올리는 '노동'의 이미지는 누군가 에게 '일'을 제공하고 '돈'을 받는 것이기 때문인 듯해요. 우리는 이러한 방식의 노동을 '임금 노동'이라고 합니다. 예를 들어 여러분의 부모님 혹은 형제자매가 월급을 받는 직업이 있다면 '임금 노동을 하는 것'입니다.

한국인의 노동 시간은 세계 1~3위를 다툴 정도로 깁니다. 오죽하면 아이스아메리카노가 직장인의 소울 음료가 될 정도일까요? 눈도 뜨기 힘든 이른 아침에 뜨거운 아메리카노조차 천천히 마실 여유가 없는 직장인들은 아이스아메리카노를 빠르게 들이키며 일부러 잠을 쫓고 퀭한 눈을 비비며 출근합니다. 이것이 우리가 가진 노동의 이미

지입니다.

하지만 노동은 부정적인 단어가 아닙니다. 이를 이해하기 위해서는 노동과 근로를 구분할 필요가 있습니다. 이 두 단어가 주는 어감에는 분명 차이가 있습니다. 매년 5월 1일이 '근로자의 날'로 지정되어 여러분도 '근로'라는 단어를 자주 들어 봤을 거예요. '근로'의 사전적 의미는 '부지런히 일함'입니다. 우리에게는 '노동'보다 '근로'가 훨씬 친근하고 긍정적인 이미지로 느껴지는 이유도 이 때문입니다. 그럼 노동은 어떨까요? 노동의 사전적 의미는 '사람이 생활하는 데에 필요한 물자를 얻기 위해 육체적, 정신적 행위를 하는 것'이라고 나와 있습니다.

법률상으로 그리고 학술적으로도 두 용어는 크게 차이가 없다고 합니다. 하지만 이 용어에 사람을 뜻하는 '자'를 붙여 '노동자'와 '근로자'로 사용할 경우에 차이가 크게 느껴집니다.

노동자의 경우, 노동력을 제공하고 임금을 받는 사람을 통틀어 말합니다. 노동자는 기관이든 사람이든 상호 계약을 맺고 노동력을 제공하기 때문에 상대방과 지위가 동등한 파트너의 개념으로 쓰일 수 있어요. 한편 근로자의 경우 여러분이 생각하는 '회사원'의 이미지가 쉽게 떠오릅니다. 또한 '근로'라는 단어는 일제 강점기 때부터 남아 있는 잔재로 일본이 우리나라 국민을 강제 노역에 동원하면서 '근로 봉사대', '근로 정신대'라는 이름을 사용한 데에서 비롯되었다고 합니다.

이런 이유로 최근에는 주체성을 가진 용어인 '노동'이라는 표현을 쓰는 것으로 권장합니다. 최근에는 기업에 소속되어 일하는 사람만큼 기업 밖에서 일하는 노동자들도 많아지는 추세입니다. 조직에 소속되어 일하지 않고 1인 기업을 운영하는 저 역시도 조직 밖에서 일하는 '노동자'입니다. 이런 형태의 노동이 많아지고 있어 '근로'보다는 '노동'이라는 포괄적인 표현을 쓰는 것이 어떨까 합니다.

자영업자나 프리랜서와 같은 조직에 소속되지 않은 노동자들은 법의 테두리 안에서 보호받지 못하는 일이 종종 있습니다. 현재의 근로 기준법은 5인 미만의 노동자가 일하는 경우에는 법정 근로 시간, 부당 해고 금지, 연장 근로 제한 등의 조항이 적용되지 않거든요. 고용 형태가 다양해지고 일하는 방식이 유연해질수록 이렇게 노동법 밖인 사각지대에 있는 사람들이 늘어나기 마련입니다. 하지만 이들을 보호할 만한 특별한 법이 아직 없는 실정입니다. 누구나 인간답게 일할 수 있도록 노동법의 사각지대를 줄여 나가야 할 것입니다.

다른 나라 역시 산업이 발전하면서 노동 시장에 많은 변화가 있습니다. 유럽연합(EU)의 경우 플랫폼 노동(배달 기사나 택배 기사와 같은 자영업자)자들의 노동 조건 개선을 위한 법안이 곧 시행된다고 합니다. 우리나라의 법 역시 변화하는 노동 시장에 발맞추어 발전해 나가야 할 것입니다.

함께 토론해 보아요!

◆ 임금 노동이나 정규직 외에 법의 보호를 받지 못하는 사각지대에 있는 노동자들이 있습니다. 이러한 직업으로 무엇이 있는지 찾아보고 문제점과 해결 방법을 이야기해 봅시다.

전쟁이 짓밟은 피해자의 인권을 위해 싸우다

김복동

　우리나라와 일본의 풀리지 않은 역사 문제 중 하나로 위안부 문제를 빼놓을 수 없습니다. 제가 어릴 때 국사 교과서에서는 '정신대'라는 표현을 사용했는데요, 1991년 김학순 할머니가 첫 증언을 시작하고 일본군의 만행이 알려진 이후에는 '정신대'와 '위안부'라는 말이 함께 쓰였습니다.

　'정신대'는 일본 국가(천황)를 위해 몸을 바치는 부대라는 뜻으로 1940년경부터 남성과 여성 구별 없이 사용했습니다. 그러다 일제 강점기인 1944년 여성들을 군수 공장에 강제로 동원한 이후로는 여자 근로 정신대를 가리키는 말로 사용했습니다. 그러니 위안부 피해자가 큰 범주에서는 정신대에 포함될 수 있지만 '정신대'와 '위안부'

는 구별되는 단어입니다.

　그럼 위안부라는 말은 맞는 표현일까요? 전쟁과 여성인권박물관 자료에 따르면 '위안부'라는 말 대신 '일본군 성노예제'라고 쓰는 것이 더 정확한 표현이라고 합니다. '성노예'라는 단어 앞에 '일본군'을 붙이는 이유는 일본의 제국주의에서 비롯된 식민 제도이기 때문에 어두운 역사를 강조하기 위해서입니다.

　그럼에도 그동안은 살아 계신 위안부 피해자들을 향한 2차 가해를 막기 위해 '성노예' 대신 '위안부'라는 표현을 사용했습니다. 하지만 '위안부'라는 말은 성적 착취를 당한 피해를 직접 나타낸 말이 아니에요. 자칫하면 스스로 성 노동에 가담한 것 같은 인상을 줄 수 있어 피해를 당했다는 본질을 흐릴 수 있어요. '성노예' 대신 '위안부'라는 말을 쓴 이유는 여전히 자신의 아픈 과거를 부끄러워하는 피해자 할머니들의 의견이 있었기 때문입니다. 세월이 흐른 뒤에야 그들은 피해당한 사람이지 비난받을 대상이 아니라고 인식되었지요. 정확한 표현은 '일본군 성노예'임에도 불구하고 이 책에서는 아직 살아 계신 피해자 할머니들을 고려하여 피해자 할머니를 직접적으로 지칭할 때에는 '위안부'라는 표현을 쓰려 합니다. 두 단어의 차이점을 이해하고 글을 읽어 나가는 데에 참고하시길 바랄게요.

　위안부 문제는 이화여대 윤정옥 교수가 연구하기 시작한 1980년부터 점점 알려지기 시작했습니다. 윤정옥 교수 역시 '위안부'로 끌려갈 위기를 가까스로 모면했다고 합니다. 그때 끌려간 여성들이 아직도 귀국하지 못했다는 걸 알게 된 윤교수는 1988년 「여성과 관광

🔵 1944년 버마 미치나에서 미군의 심문을 받는 위안부들

문화」라는 논문에서 이 문제에 대한 연구를 발표했고, 이후 사회에서도 관심을 갖기 시작했지요.

그렇게 많은 피해자가 있었음에도 이전에는 왜 아무도 이 문제를 알지 못했을까요? 당시 피해자들이 자신의 피해를 말하지 못했기 때문입니다. 2015년 피해자들이 더 이상 자신이 당한 성범죄를 숨기지 않고 자신의 해묵은 성범죄 피해 사실을 털어놓는 일들이 연이어 일어났습니다. 사람들은 이를 '미투(Me Too) 운동'이라고 부르기 시작했어요. 이 운동을 계기로 성범죄 피해자들이 더 이상 숨지 않는 일이 늘고 있지만, 과거에는 성범죄 피해를 숨기는 일이 훨씬 많았습니다. 피해를 당했음에도 수치심과 사회적 낙인이 매우 컸기 때문입니다. 여전히 피해자들은 성범죄 피해를 공개하는 것을 주저하고 있습니다. 당시에도 마찬가지였어요. 사람들의 시선과 낙인이 두려웠던 할머니들은 1990년까지도 아무 말을 할 수 없었던 겁니다.

하지만 이 일이 이대로 잊혀 가는 것을 막기 위해 할머니들이 용기를 냈습니다. 그 시작이 윤정옥 교수의 연구 발표였습니다. 그 후로 1991년 김학순 할머니께서 첫 번째로 증언을 했습니다. 1992년에는 김복동 할머니가 '위안부' 피해자였음을 밝혔지요. 하지만 '위안부' 할머니들이 겪은 고통을 안타까워하고 연대하는 사람도 많지만 그 고통에 공감하지 못하고 수치스러운 과거로 낙인찍는 시각도 존재했습니다.

할머니들이 용기 있게 피해 사실을 고백했을 때도 정부는 보조금 지급을 명목으로 마치 취조하듯이 이에 관해 질문했습니다. 당시 군인의 바지는 어땠는지, 성병에는 걸리지 않았는지, 하루에 몇 명을 상대했는지 등 과거의 끔찍한 기억을 들춰내고 수치심을 유발하는 질문을 아무렇지 않게 했다고 합니다. 이런 질문은 피해자가 기억하고 싶지 않은 트라우마를 건드리고 부끄럽게 만드는, 그 자체로 피해자의 인권을 경시하는 행동입니다. 수십 년이 흘렀어도 할머니들의 인권은 여전히 존중받지 못하고 있었던 것이지요. 결국 할머니들은 "내가 뭘 그렇게 잘못했냐?"고 울분 섞인 심정을 토로했습니다. 노년이 되어 울분과 절망을 겪으면서도 도저히 진실을 묻어 둘 수 없었던 이유는 바로 할머니들의 삶에 있었습니다.

고백한다고 달라진 게 있나요?

김학순 할머니와 같은 피해자였던 영화 속 김복동 할머니가 일본군에게 끌려갔던 때는 1940년 겨우 14살 때였습니다. 아무것도 모르던 소녀는 이후 중국, 홍콩, 말레이시아, 인도네시아, 싱가포르 등을 끌려다니며 일본군 성노예로 고통받습니다. 1945년 8월 15일 대한민국은 드디어 광복을 맞이했고, 어린 복동 할머니는 고향으로 돌아올 수 있었습니다. 할머니는 1992년 3월에 자신이 '위안부'였음을 알렸고, 1993년에는 유엔인권위원회에 참석해 피해 사실을 공개 증언했습니다.

영화 〈김복동〉은 격랑의 역사를 살아 낸 김복동 할머니의 삶을 조명합니다. 매일 아침 세수를 하고 머리를 빗으며 장신구를 착용하는 복동 할머니의 모습으로 영화는 시작합니다. 영화 〈김복동〉은 할머니의 소소한 일상과 작고하기 직전까지의 삶을 조망하고 낮은 목소리로 옛 기억을 읊조리는 방식으로 진행됩니다. 옆집에 사는 친숙한 할머니의 이야기를 편안하게 듣는 기분이랄까요?

그렇지만 당연하게도 영화를 마냥 편하게 볼 수만은 없습니다. 할머니는 과거를 떠올리며 괴로워하고, 잊을 수 없는 고통을 안은 채 살아가면서도 힘을 내어 다른 사람을 돕습니다. 광복 이후 귀향한 할머니는 남편에게 자신의 과거를 숨긴 채 결혼을 했습니다. 그 뒤로 아이가 생기지 않아 오래도록 고생하셨다고 합니다. 할머니는 난임이 된 이유에 대해 과거에 그런 일을 겪었으니 나한테 애가 오지 않는 것이라며 자조합니다.

결국 아이 없이 살다 남편과 사별한 할머니는 용기를 내어 피해 사실을 고백합니다. 2000년에는 '일본군 성노예 전범 여성 국제 법정'

에 원고로 참여해 당시의 실상을 문서로 증언했습니다. 그 뒤로 할머니는 힘든 몸을 이끌며 미국, 일본, 유럽 등 여러 곳에서 위안부 피해 사실을 증언합니다. 비행기 한 번 타기도 어려운 할머니가 전 세계를 누빈 이유는 진실을 알리고 세계 곳곳의 여성 인권을 위해서였습니다.

전체 '위안부' 피해자는 20만 명 정도로 추정되는데, 대한민국 정부에 따르면 등록된 피해자는 240명이며 2024년 현재 단 8명의 생존자만이 남아 있습니다. 왜 이렇게 적을까요? 시간이 흐를수록 피해자인 할머니들의 연령이 높아지므로 생존한 사람이 적다는 것이 한 이유입니다. 또 광복 이후 47년 만에 '정신대 실무 대책반('위안부' 피해자 조사 기관)'이 꾸려졌기 때문에 그사이에 은폐된 진실이 많을 수도 있습니다.

위안부 피해자임을 신고한 할머니들이 바란 것은 단 하나였습니다. 정부 관계자가 할머니들을 직접 만나서 진심 어린 사과를 하고

🗨 2011년 8월 서울 일본 대사관 앞에서 항의하는 위안부 피해자들
저작권자 ⓒ Claire Solery
https://commons.
wikimedia.org/wiki/
File:Comfort_Women,_
rally_in_front_of_the_
Japanese_Embassy_in_
Seoul,_August_2011_(2).
jpg)

배상하는 것입니다. 하지만 일본 정부는 단 한 번도 생존자와 직접 만나려 하지 않았습니다. 이에 김복동 할머니를 비롯한 생존자들은 자신들의 억울함을 더 많이 알릴 수밖에 없었지요.

2012년 3월 8일 세계 여성의 날을 맞아 김복동 할머니는 전시 성폭력 피해자를 돕는 '나비기금'을 설립하고 전쟁, 분쟁 지역 어린이를 위한 장학금을 기부합니다. 전 세계 여성들과 어린이들의 인권을 위해 왕성한 활동을 하는 와중에 할머니의 건강은 점차 나빠졌습니다. 무리한 일정에 시력도 나빠졌지요.

할머니의 분투에도 2013년 2월 7일 일본의회는 '위안부'가 강제 연행되거나 납치한 역사는 없었다며 실존한 역사를 지우려 했습니다. 일본 극우 단체는 한국을 혐오하는 시위를 벌이고 '위안부' 할머니들을 '매춘부'로 부르는 만행을 저지릅니다.

당시 오사카 시장인 하시모토 도루는 일본의 역사 수정주의를 지지하며 아베 정권처럼 '위안부'가 자발적인 성매매였다고 말합니다. 이에 김복동 할머니는 좋지 않은 몸을 이끌고 오사카로 향했습니다. 할머니는 당당하게 "시장을 만나야겠다. 내가 살아 있는데 어떻게 그런 말을 할 수 있느냐."고 외쳤습니다. 하지만 애써 무거운 발걸음을 한 복동 할머니는 시장은커녕 정부와 유관한 높은 사람은 단 한 명도 만날 수 없었습니다. 시장이 자리를 피한 건지 우연히 만나지 못한 건지 알 수 없었습니다. 그저 답답한 상황을 바라볼 뿐이었지요.

피해자들의 증언에도
아직도 해결되지 않은 역사

'위안부' 문제를 해결하기 위해 투쟁해온 할머니들을 위해 매주 수요일마다 집회가 열렸습니다. 그리고 2011년 12월 14일 1000번째 수요 집회가 열렸고 이를 기념하고자 서울특별시 종로구 일본 대사관 앞에 소녀상을 세웠습니다. 이른바 '평화의 소녀상'으로 알려져 있는데요, 소녀상은 비극적인 역사를 기억하기 위한 상징으로서 많은 관심을 받았습니다. 항상 외로이 싸우던 할머니들은 대중들의 관심과 연대에 더 힘을 냈습니다.

2024년 전국 139곳에 소녀상이 자리하고 있습니다. 국내뿐만 아니라 해외에도 상징적인 지역에 소녀상을 설치하여 평화의 상징으로 자리매김했습니다. 소녀상으로 인해 이 문제가 피해자들의 인권 문제만이 아닌 여성 인권, 나아가 전 세계의 인권 문제임을 사람들에게 알릴 수 있었어요.

하지만 할머니들의 꾸준한 노력에도 불구하고 2015년 한국 정부와 일본 정부는 한일 외교장관 회담을 열어 '위안부' 피해자 문제를 합의했다고 발표합니다. 일본 정부에 따르면 '위안부' 문제에 대해 반성의 마음을 표현하며 그들을 위로하고자 재단을 설립한다고 표명했습니다. 한국 정부는 이에 대해 수용하고 향후 과거사에 대한 비난과 비판을 자제하기로 합의했지요. 하지만 이 합의 사항에는 정작 당사자인 피해자 할머니들의 의견이 반영되지 않았습니다. 정부 관계자들끼리 만나고 그들만의 협약으로 끝이 난 것입니다.

합의 내용에서 알 수 있듯이 각국 정부는 이 일을 전쟁의 역사로만 치부하고 빠르게 마무리되기만을 바랄 뿐이었습니다. 할머니들을 향한 진정한 사과가 없이 마무리된 이 합의문은 '위안부' 할머니들에게 또 한 번의 상처를 줄 뿐이었지요. 피해자에게 사과하기는커녕 대충 합의금으로 마무리하려는 일본의 태도와 그걸 받아 주는 한국 정부에 모두 실망할 수밖에 없었지요.

이듬해 2016년 여름에는 이 협상에서 일본이 약속한 10억 엔으로 '화해 치유 재단'이 설립되었습니다. 엄연히 피해자와 가해자가 있는 역사적인 사건에 화해와 치유라니요. 당시 할머니들과 함께 수요 집회에 참석했던 평화나비네트워크 청년들도 분노하며 이에 반대하는 시위를 합니다. 김복동 할머니는 2016년 9월 26일 국회 외교통일위원회의 국정 감사에 참고인으로 출석해 "일본 정부가 직접 석고대죄를 하기 전에는 어떠한 얘기도 듣지 않는다. 그리고 이런 식으로 대충대충 처리할 바에는 때려치우라고."라며 소리쳤습니다. 2018년까지 유지되던 화해 치유 재단을 해산시키기 위해 김복동 할머니는 서울 종로구 외교부 청사 앞에서 1인 시위를 벌였습니다.

평화와 인권을 위해 싸우던 할머니는 다음 해인 2019년에 결장암으로 별세하셨습니다. '위안부' 문제를 해결하기 위해 끝까지 싸운 김복동 할머니는 결국 일본의 사죄를 받지 못하고 돌아가시고 말았습니다. 할머니는 유언으로 '위안부' 문제를 위해 끝까지 싸워 달라는 말씀을 남기셨지요.

말이 많던 화해 치유 재단은 해산되었지만 여전히 한국은 일본에게 사과를 요구하지 않았고, 일본 역시 과거의 잘못을 인정하지 않았습니다. 2024년 기준, 살아 계신 8명의 할머니들이 세상을 떠나기 전에 꼭 진심 어린 사과를 받으실 수 있기를 바랄 뿐입니다.

최초 증언을 하신 김학순 할머니와 영화의 주인공 김복동 할머니는 돌아가셨지만, 한 분이라도 살아 계실 때 '위안부' 문제가 조속히 해결되기 위해서는 우리의 관심이 필요합니다. '위안부' 문제를 자세히 살펴볼 수 있는 곳이 있습니다. 서울 마포구 성미산에 위치한 '전쟁과 여성인권박물관'입니다. 이곳에서는 일본군 '위안부' 피해자를 비롯해 세계의 분쟁 현장에서 처참하게 침해당한 여성 인권에 대한 전시를 진행하고 있습니다. 우리나라뿐만 아니라 전 세계에 있는 '위안부' 문제에 대해 한 발짝 다가가는 계기가 되기를 바랍니다.

함께 토론해 보아요!

◆ 영화를 보며 일본이 '위안부' 역사를 부정하는 이유를 추측해 봅시다. 그리고 '진정한 사과'가 필요한 이유는 무엇일까요?

Part
03

이것도 인권과 관련이 있다고요?

영화로 보는 생활 속
다양한 인권 영역과 인권 감수성

흔히 민주화 운동이나 참정권 운동처럼 역사의 한 획을 긋는 일만 인권의 영역이라고 생각하기 쉬워요. 그래서 일부 활동가들만 인권에 대해 잘 알면 되는 것이 아니냐고 여기고 나와는 별로 관련 없다고 생각하기도 합니다. 하지만 인권은 우리 생활 속 곳곳에서 우리에게 영향을 준답니다.

일례로, 동네 카페나 식당에 붙은 '노키즈존(no kids zone)' 표시는 아이들의 인권과도 관련 있습니다. 노키즈존은 아이들이 소란스러워 영업장에 방해된다는 이유로 아이들의 출입을 금지하는 표시입니다. 인권에 큰 관심이 없거나 아이가 없는 분들은 나와 상관없는 표시라고 여기실지도 몰라요. 하지만 이것은 나와도 상관있는 표시랍니다. 왜냐고요? 노키즈존을 시작으로 노시니어존, 노커플존, 노스터디존과 같이 각종 노(no) 존이 늘고 있기 때문이에요. 여러분은 이런 출입 금지 표시가 붙은 공간이 늘어나기를 원하나요? 아니면 줄기를 원하나요? 이에 대한 의견은 우리 사회와 내가 얼마나 인권에 관심이 있는지에 따라 달라질 수 있을 거예요.

이번 챕터에서는 이와 같이 다양한 영역들의 인권을 살펴보려고 해요. 앞선 본 영화보다는 좀 더 가볍고 경쾌한 영화들로 생활 곳곳의 인권을 알아보도록 할게요. 그럼 출발해 볼까요?

가장 나다울 때
빛나는 외모

아이 필 프리티

많은 사람들이 외모에 관심이 많고 외모를 가꾸기 위해 노력합니다. 저 역시 둘째 아이를 낳고 나서는 20Kg나 늘어난 살을 빼려고 식단 조절과 운동을 열심히 하다 소화가 되지 않는 식이장애가 생긴 적이 있습니다. 우리가 이렇게 외모에 신경 쓰는 이유는 무엇일까요?

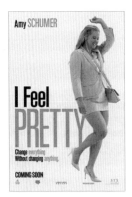

◐ <아이 필 프리티> 포스터

지금 소개할 영화는 이런 외모에 대한 사람들의 생각과 외모 지상주의에 대해 잘 보여 주는 작품이에요. 외모 지상주의란 잘생기고 예쁘면 그 사람의 성품과 상관없이 좋은 평가를 받고 그렇지 않은 사람들에게는 편견을 가지고 혐오하는 사회적인 분위기를 말합니다. 영화 〈내겐 너무 가벼운 그녀〉나 우리나라 영화 〈미녀는 괴로워〉처럼 이러한 문제점을 코믹하게 다룬 작품은 있지만 이 영화 〈아이 필 프리티〉(2018)는 이전 영화와는 다른 점이 있답니다. 어떻게 다른지 살펴볼까요?

﹛ 자기 자신을 예쁘게 보면 일어나는 기적 ﹜

주인공 르네 베넷은 사무직으로 일하는 평범한 외모의 여성입니다. 예뻐지고 싶은 마음에 헬스장에 등록하지만 남들보다 조금 크고 무거운 몸 때문에 어디를 가든 움츠러들지요. 르네처럼 처음으로 운동을 시작한다는 날씬한 여성을 그저 부럽게만 봅니다. 르네는 항상 자신감이 없고, 사람들이 자신에게 관심 없는 이유는 다 뚱뚱하고 못생겼기 때문이라고 자조합니다. 예쁜 여성을 바라보는 르네의 독백은 아마 누구나 한 번쯤은 생각해 보았을 법한 이야기일 거예요.

"진짜 어떤 기분일지 너무 궁금해요 누가 봐도 예쁜 기분, 온 세상이 나에게 마음을 여는 기분. 당신처럼 생겨야만 아는 거잖아요. 단 한 번이라도 그런 기분을 느껴 보고 싶어요."

그러던 그녀에게 기이한 일이 일어납니다. 평소처럼 스피닝(음악에 맞춰 빠르게 페달을 굴리는 운동) 운동을 열심히 하던 르네는 페달이 부러져 땅바닥으로 고꾸라지고 맙니다. 정신을 차리고 거울을 본 그녀는 깜짝 놀라요. 자신의 모습이 전혀 다른 사람처럼 아름답게 달라졌기 때문입니다.

이 장면을 보는 관객들은 웃음이 터질 수밖에 없습니다. 왜냐하면 우리가 바라보는 르네는 사고 당하기 전의 르네와 똑같은 모습이기 때문이에요. 이 영화가 지닌 특별한 지점이 바로 이것입니다. 영화 〈내겐 너무 가벼운 그녀〉나 〈미녀는 괴로워〉에는 관객이 볼 수 있도록 주인공이 아름다운 모습으로 변해서 나타납니다. 〈아이 필 프리티〉에서는 아름답게 변한 르네의 모습이 단 한 번도 나오지 않습니다. 관객은 그저 스스로 변했다고 생각하는 르네만을 볼 뿐이지요.

"제 복근 좀 보세요. 진짜 엄청나지 않아요? 세상에, 얼굴 좀 보세요. 너무 예쁘죠?"

거울을 보며 자신의 모습에 감탄하는 르네를 헬스장 직원은 의아하게 바라봅니다. 직원의 눈에 르네는 전혀 달라지지 않았기 때문입니다. 마치 관객이 르네를 바라보는 것처럼요.

스스로 예쁘다고 생각하는 르네는 어떻게 변했을까요? 맞아요. 여러분의 예상처럼 가장 먼저 태도가 달라졌습니다. 항상 자존감과 자신감이 낮았던 그녀는 당당해졌어요. 외적인 변화 없이도 당당해진 르네를 보고 주변 사람들도 그녀를 다르게 대하기 시작합니다.

차이나타운의 작은 건물 지하에서 화장품 회사의 마케터로 일하던 르네는 꿈꿔 왔던 본사의 안내 데스크 직원으로 지원합니다. 화장품 회사는 여성들의 외모와 관련된 일터이니만큼 인플루언서나 모델 같이 유명하고 외모가 멋진 사람들이 자주 드나들어서 안내 데스

크 직원은 예쁘고 날씬한 사람만 될 수 있었어요.

르네는 면접장에서 자신이 이곳에 딱 들어맞는 외모라고 어필합니다. 면접관인 사장과 임원은 의아해하지만 곧 르네의 당당한 태도에 설득당합니다. 그들은 고정관념을 버리고 새로운 얼굴을 상징적으로 보여 주는 것이 좋은 변화라고 판단해 르네를 채용합니다.

르네는 특유의 섬세함과 마케터 경력을 살려 본사에서 엄청난 활약을 합니다. 평범한 여성의 마음을 잘 아는 르네는 새로운 아이템을 기획할 때 뛰어난 아이디어와 공감 능력을 발휘하지요. 더 나아가 새로 론칭할 제품의 프레젠테이션을 맡게 됩니다. 르네는 이 모든 게 예뻐진 외모 덕분에 이루어졌다고 착각하지만, 사실은 모두 르네의 자신감과 당당함, 즉 마음이 이루어낸 일들입니다.

르네는 프레젠테이션을 위해 떠난 출장지에서 다시 한 번 미끄러지는 사고를 당해 기절하게 됩니다. 깨어난 르네는 거울을 보고 실망합니다. 마법처럼 예뻐졌던 얼굴이 다시 원래의 르네로 돌아갔기 때문이지요. 하지만 관객의 눈에는 그전과 다를 바 없는 르네입니다. 르네는 이전의 외모로 돌아갔다는 생각에 다시 움츠러들고, 프레젠테이션에 나타나지 않습니다.

다시 일상을 힘겹게 살아가던 르네는 자신이 벌인 일은 끝맺고 싶은 마음에 신제품 론칭 제작 발표회로 달려갑니다. 발표 자료를 위해 예뻐졌다고 생각한 자신의 과거 사진과 지금 사진을 비교해 보다 두 사진이 다른 게 없다는 사실을 깨닫습니다. 그러니까 변한 건 외모가 아니라 내면이었던 것이지요.

이 영화가 예뻐진 르네의 모습을 보여 주지 않은 이유가 여기에 있습니다. 사실 우리가 가꾸어야 할 것은 보이는 외면이 아니라 볼 수 없지만 누구나 느낄 수 있는 내면임을 알리고 싶었던 거지요. 아름다운 외모보다 중요한 것은 어쩌면 자신을 아름답다고 여기고 사랑해 주는 마음이 아닐까요? 여러분의 생각은 어떤가요?

예쁘다고 칭찬하는 것도 인권 침해라고요?

"너무 예민하게 반응하는 거 아닌가요? 저는 예쁘다고 하면 좋던데. 칭찬이잖아요."

청소년들부터 어르신들까지 인권 강의를 할 때 외모에 대해 '칭찬'할 때 조심해야 한다고 말하면 하나같이 이렇게 되묻습니다. 여러분도 그렇게 생각하시나요? 우리가 왜 소위 말하는 '얼평(얼굴 평가)'과 '몸평(몸매 평가)'을 지양해야 하는지 한번 들여다보려 합니다.

저는 작년 봄 딸아이의 어린이집에서 연 체육 대회에 가족들과 참석했습니다. 전문 MC분이 체육 대회를 진행해 주셨는데요, MC분이 제 딸아이의 담임 선생님을 자꾸 '뚱뚱하다'라며 재미 삼듯이 몇 번 언급하셨어요. 한 예로, 모두 함께 천으로 된 다리를 만들어 그 위로 선생님들이 지나가는 게임을 할 때는 "이쪽 팀에서 ○○○선생님이 조금 더 날씬하셨으면 이길 수 있었을 텐데." 하는 농담을 하셨지요. 한두 번도 아니고 여러 번 같은 농담을 들으니 당사자가 아닌 저

120

도 상당히 불쾌해졌고, 체육 대회가 끝나고 나서 어린이집에서 피드백을 요청했을 때 '담당 MC가 선생님 외모 지적을 해서 불쾌했음'이라고 적어 냈습니다.

이게 문제되는 이유가 무엇일까요? 한두 명이 아닌 많은 사람들이 모여 있는 데서 누군가를 '평가'했기 때문입니다. 사람은 물건이 아닙니다. 그런데도 사람을 마치 물건처럼 평가하는 것을 '대상화'라고 합니다. 대상화에는 인권 침해의 여지가 있습니다. 인간은 누구나 평등하고 존엄함에도 불구하고 사고파는 물건처럼 평가받았기 때문이지요. 뚱뚱하니 '살을 빼야 한다' 혹은 예쁘니 '관리를 잘한다' 같은 말은 모두 대상화에 해당됩니다.

사람들 앞에서 공개적으로 평가를 당한 선생님은 티를 내지 않았지만 속으로는 무척 기분이 나빴을 겁니다. 게다가 어린이들을 보육하고 교육하는 어린이집에서 그런 일이 있다면 아이들에게 어떤 영향을 미칠까요? 아이들은 자기도 모르게 뚱뚱해지면 안 된다는 생각, 나아가서는 사람은 반드시 잘생기고 예뻐야 된다는 생각을 품고 자랄 수도 있을 거예요.

반대의 경우를 생각해 볼까요? 예를 들어 제가 친구의 집에 놀러 가서 친구의 사춘기 딸에게 "볼 때마다 날씬하고 예뻐지네."라고 칭찬한다고 가정해 봅시다. 한참 외모에 관심이 많을 친구의 딸이 제 말을 듣고 기분이 좋다면 제 칭찬이 과연 긍정적이기만 할까요? 어쩌면 외모에 대해 한층 더 의식하게 되는 계기가 될 수 있습니다. 혹은 날씬하고 예쁜 몸을 유지하기 위해 청소년기에 충분히 섭취해야

할 영양소를 충분히 먹지 않을 수 있습니다. 다이어트를 해야 한다는
강박 때문이지요.

남자 역시 마찬가지입니다. "근육이 많아서 보기 좋네." 혹은 "남
자는 키가 커야 해."라는 말을 자주 하는데, 이 말 역시 부정적인 영
향을 미칠 수 있습니다. 멋진 근육이 없거나 키가 크지 않으면 뭔가
실패한 것처럼 여겨져 자존감이 낮아질 수 있기 때문이지요.

미국 노스웨스턴대학교 심리학과 교수인 러네이 엥겔론은 20여
년 동안 외모 평가에 관한 연구를 진행했습니다. 그는 외모에 대한

언급이 많아질수록 다른 사람들이 자신의 몸을 지켜본다고 생각해서 외모를 가꾸는 데에 더 많은 시간을 투자할 수 있다고 말했습니다. 여기서 외모에 대한 언급은 칭찬도 포함됩니다. 이 지점에서 우리는 왜 외모에 대한 언급을 지양해야 하는지 알 수 있습니다. 부정적이든 긍정적이든 외모에 대한 평가는 평가를 당하는 사람에게 반드시 영향을 미치기 때문입니다.

다른 사람의 평가보다 더 중요한 나의 자존감

쌍꺼풀 수술 같은 예뻐지기 위한 성형 수술은 이제 흔한 일이 되었습니다. 제가 어릴 때에는 수능이 끝나면 성형 수술을 하는 친구들이 종종 있었는데, 요즘은 더 빨라져 중학생부터 방학에 성형 수술을 받는다고 해요. 수술 종류도 많아졌는데요, 쌍꺼풀 수술뿐만 아니라 엉덩이 성형이나 탈모를 없애기 위한 헤어라인 수술 등 다양합니다.

성형 수술에 대한 의견은 분분하지만 개인적으로 콤플렉스를 극복하기 위한 수술은 자신감 회복에 도움이 된다고 생각합니다. 다만, 아직 정체성이나 가치관을 만들어 가는 중이고, 성장기인 어린 나이에 성형 수술을 하는 것은 지양했으면 합니다. 어떤 수술도 100% 안전하다는 보장이 없기에 건강 측면에서 우려되기 때문입니다.

요즘 SNS에서는 또 다른 외모 지상주의의 단면을 찾아볼 수 있습니다. 바로 젊은 사람들 사이에서 유행하는 '바디 프로필' 열풍입니다. SNS에는 열심히 운동해서 멋진 몸매를 만들어서 비싼 가격을 지불하고 프로필 사진을 찍어 올린 사람들이 많이 있습니다. 바디 프로필을 준비하는 과정을 모두 찍어 올리며 인플루언서가 되는 경우들도 있어요.

마치 건강한 몸을 위해 하는 것 같지만 자세히 살펴보면 그렇지 않은 경우도 많습니다. 멋진 바디 프로필 사진을 찍자마자 폭식을 해 식이장애가 생기거나 요요가 심하게 오는 사례도 많기 때문입니다. 여성의 경우, 급격한 호르몬의 변화가 생겨 무월경과 우울증이 생기기도 합니다. 제 지인들은 탈모가 와서 고생한 경우도 있었습니다. 그럼에도 다른 사람들에게서 "멋지다"라는 말을 듣기 위해 운동을 하고 몸매를 가꾸는 것이지요. 그 멋진 사진 뒤에는 혼자서 고통받는 부작용이 있었어요.

우리가 다른 사람들의 시선에 맞춰 멋진 외모만을 동경해서는 안되는 이유는 이 때문입니다. SNS는 다른 사람의 인생 중 하이라이트만 전시된 곳입니다. TV에 나오는 연예인들도 마찬가지입니다. 연예인은 예쁘고 잘생겨 보여야만 성공할 수 있는 직업입니다. 그런 그들처럼 되고 싶다는 욕망에 휩싸이는 순간, 내 외모와 일상은 점점 보잘것없는 것처럼 평가되고 움츠러들게 됩니다. 마치 처음의 르네처럼요.

내 외모가 변하지 않아도 우리는 자존감이라는 무기로 충분히 아름다워질 수 있습니다. 르네가 그런 것처럼요. 그녀의 자신감과 재능은 모두 스스로 아름답다고 여겼을 때 발휘되었습니다. 르네가 다른 사람이 된 것이 아니니 모든 건 애초에 르네가 가지고 있었어요. 그리고 르네가 스스로 아름답다 여기고 당당하게 재능을 발휘하니 사람들은 그녀의 매력을 느끼고 좋아하게 됩니다.

영화의 마지막 장면에서 르네는 "이 모습 역시 우리입니다."라는 멘트로 찬사를 받습니다. 사람들은 모두 다르게 생겼고, 다른 매력과 아름다움을 지녔지만 우리는 정형화된 외모만을 아름답다고 여깁니다. 그렇게 추종하는 순간, 다른 아름다움은 가치를 잃어버리게 되지요. 정작 우리 삶에 우리를 행복하게 해주는 아름다움이 가득함을 알지 못한 채 스스로 불행하다고 여기게 만드는 것입니다. 여러분도 르네처럼 자신이 가진 재능, 아름다움이 만개할 수 있도록 지금 그대로의 자신을 아름답다고 여겨 주기를 바랍니다.

함께 토론해 보아요!

♦ '당당해지세요!'라는 영화의 메시지가 가진 한계점은 무엇일까요? 개인의 내면이 변화하는 것 외에 우리 사회는 어떻게 변화해야 할까요?

장애인 가족과 사는 비장애인은 어떻게 살아야 할까요?

코다

　지금 소개할 영화의 제목인 〈코다〉의 뜻을 알고 계신가요? 코다(Coda)는 Children of deaf adult의 약자로, 농인 부모 사이에서 태어난 청인 자녀를 뜻합니다. 우리나라에서도 '코다'라는 말을 쓰고 있습니다. 이 영화는 프랑스 영화 〈미라클 벨리에〉를 리메이크해서 만든 영화인데요, 전작과 다르게 제목을 '코다'로 하여 비장애인 관객들이 영화 제목으로도 청각 장애인의 가족에 대해 이해할 수 있게 했습니다.

　이 영화는 아카데미 시상식에서 각색상, 남우조연상, 작품상을 수상하며 2022년 화제의 영화가 되었어요. 특히 청각 장애인 역할을 맡은 어머니와 아버지, 오빠는 실제 청각 장애인 배우여서 놀라움을 자아냈습니다.

청인이자 비장애인인 감독은 청
각 장애인 배우들이 촬영 전에 수
어로 대화를 나눌 때 그 분위기가
너무 좋아 충격을 받았다고 인터
뷰한 적이 있어요. 그 느낌을 감히
이해할 수는 없지만, 예를 들자면
한국 사람이 하나도 없는 타지에
서 한국어를 들었을 때의 심정이
아닐까 예상해 봅니다. 그만큼 청

🔊 <코다> 포스터

각 장애인의 커뮤니티는 끈끈합니다. 이 영화는 그들에 대한 이해를
높일 수 있는 아주 좋은 영화이자 재미있는 영화이니 가족 그리고 친
구들과 함께 보시기를 추천합니다.

영화 속 루비는 청각 장애를 가진 부모와 오빠 사이에서 태어난 유
일한 청인(들을 수 있는 사람) 자녀인 코다입니다. 루비는 청각 장애
인인 가족의 언어를 청인들에게 전하는 수어 통역사의 일을 하며 생
계를 돕습니다.

루비는 어린 나이임에도 가족의 생활과 직접 관련된 일을 하고 있
습니다. 그래서 자신에게는 노래하고 싶은 꿈이 있지만 이것을 가족
에게 말할 수 없습니다. 영화의 오프닝에서 들리는 루비의 아름다운
목소리를 아버지와 오빠는 들을 수 없지만 청인 관객들은 들을 수 있
어요. 새 학기에 루비는 마음껏 노래할 수 있는 합창부에 들어갑니

다. 그곳에서 자신의 재능을 알아봐 준 음악 선생님을 만나며 처음으로 하고 싶은 일에 대한 열망을 품습니다.

한편 어업을 하는 아버지와 오빠는 경매업체들의 횡포를 참지 못하고 조합을 만들기로 결심합니다. 청각 장애인인 아빠와 오빠를 대신해 수어 통역사의 역할을 하는 루비는 가족을 떠나 자신의 꿈을 이룰지, 가족 품에 남아 도울지를 갈등합니다.

루비의 고민을 알게 된 엄마는 루비가 없으면 아무것도 할 수 없다며 가족과 함께 있기를 바랍니다. 화가 난 루비는 말없이 친구를 만나러 가버립니다. 하필 루비가 없는 그날, 어업에 종사하는 사람들을 조사하는 공무원들이 나타납니다. 루비의 가족은 청인이 없다는 이유로 징계를 받아 큰 벌금을 물게 되지요. 이 과정에서 가족과 또 다툼을 겪습니다.

크고 작은 갈등이 있었지만 결국 루비는 학교 행사에서 자신의 꿈인 노래를 부르는 공연을 합니다. 가족들은 누구보다 빛나는 딸의 무대를 바라보지요. 그 순간 영화의 소리는 마법처럼 사라집니다. 아무 소리도 들리지 않고 화면은 노래하는 루비의 입 모양과 그것을 바라보는 아버지의 모습만으로 채워집니다. 딸의 입 모양을 한참 바라보는 아버지를 통해 청인 관객들도 청각 장애인의 마음을 느껴 볼 수 있어요.

집에 돌아온 아빠는 루비에게 아까 한 노래를 다시 불러 달라고 합니다. 아빠는 루비의 성대에 손을 가져다 대고 들을 수 없지만 딸의 노래를 느낍니다. 루비는 과연 자신의 꿈인 버클리 음대에 진학할 수 있을까요? 가족들은 루비 없이도 잘 살아갈 수 있을까요? 영화를 통해 그들의 삶에 공감하고 우리는 무엇을 해야 할지 생각해 봅시다.

청각 장애인과 수어에 대한 오해들

농인 혹은 농아라는 말을 들어 본 적이 있나요? 청각 장애인은 듣지 못하고 말하지 못하는 사람인 '농아'와, 말하는 데 문제가 없고 청각에만 문제가 있는 '농인'을 묶어서 말합니다. 보통은 농아와 농인을 묶어서 청각 장애인을 뜻하는 농인으로 칭하지요. 여기서는 농인이라는 말 대신 청각 장애인이라는 말을 쓰고, 들을 수 있는 사람은 청인이라고 하겠습니다.

우리나라의 청각 장애인은 전체 장애인 비율 중에서 두 번째를 차지할 만큼 많이 있습니다. 그럼에도 우리는 청각 장애인에 대한 이해가 매우 부족하지요. 그 이유는 청각 장애인은 외형상으로는 비장애인과 다름없어 보이고 직접 소통하지 않으면 어려움이 있는지 알 수 없기 때문입니다.

영화 〈코다〉를 감상하면 비장애인 관객이 청각 장애인에 대해 얼마나 모르고 있는지 알 수 있습니다. 비장애인이자 청인들이 청각 장애인에 대해 평소 오해하는 부분도 알려 주지요. 구체적인 장면을 통해 살펴볼까요?

첫 번째 오해, '청각 장애인은 아예 말할 수 없다?' 정답은 '아니다'

입니다. 루비와 엄마가 다투는 장면에서 루비가 화가 나서 나가려고 하자 엄마가 작은 소리를 냅니다. 청각 장애인이라고 모든 소리를 낼 수 없는 것은 아닙니다. 인기척 정도의 소리는 낼 수 있고, 장애 수준에 따라 말도 약간 할 수 있는 청각 장애인도 있습니다. 또한 청인들이 말할 때의 입 모양을 보고 피나는 노력으로 비슷하게 말할 수 있는 청각 장애인도 있습니다.

두 번째 오해, '청각 장애인들은 음악을 즐길 수 없다?' 이 역시 정답은 '아니다'입니다. 청각 장애인도 음악을 즐길 수 있어요. 루비의 아버지는 힙합을 좋아한다고 해요. 이 말을 우리는 정확하게 이해하기가 힘듭니다. 청각 장애인은 들을 수 없는데 어떻게 음악을 즐기나 싶지요. 루비의 아빠는 힙합 음악을 엄청나게 크게 틀고 차를 탑니다. 루비는 그런 아빠의 행동을 창피해합니다. 청인들이 듣기엔 너무 요란한 소리니까요. 하지만 루비의 아빠는 그렇게 크게 틀어야만 비트가 쿵쿵거리는 것을 느낄 수 있답니다. 루비는 아버지가 힙합의 비트를 좋아한다고 설명해요. 이처럼 청각 장애인 역시 박자를 느끼며 음악을 즐길 수 있습니다. 베토벤도 청각 장애인이었다는 사실을 기억하지요? 그러니 앞으로 이런 오해는 버리도록 해요.

세 번째, '루비처럼 노래를 수어로 들려주면 감동하나요?' 정답은 '그렇다'일 때도 있고, '아니다'일 때도 있지만 대부분의 경우는 '아니다'라고 합니다. 루비의 경우 어릴 때부터 수어를 배워 매우 능숙한 수어 통역사입니다. 그렇기 때문에 노래 가사도 청각 장애인 가족들이 이해하기 쉽도록 수어로 잘 표현할 수 있어요. 하지만 대부분의

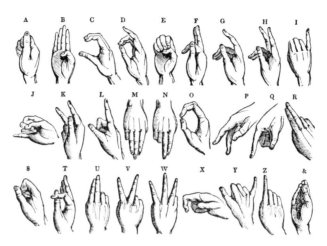

🐾 영어 지문자, 지문자를 바탕으로 수화를 만들어 낸다

경우 노랫말을 전달할 때 수어가 가진 고유의 어순을 파괴하여 만들어진 안무가 많아서 가사를 이해하기 힘들다고 합니다. 이벤트성으로 청인들이 노래하며 수어 안무를 하는 것은 사실상 이해하기 어려운 부분이 많은 것이지요.

이 밖에도 전 세계에서 사용되는 수어는 공통어가 아닙니다. 수어는 지역별, 나라별로 다릅니다. 그래서 다른 나라의 청각 장애인들은 마치 영어와 한국어처럼 서로의 언어를 알아듣기 힘들어요. 통계에 따르면 수어의 종류는 약 157개가 있다고 합니다. 나라와 지역마다 수어가 다르기 때문에 이를 통역해야 하는 외국어 수어 통역사도 있습니다. 그럼에도 전 세계인들이 함께 사용하는 수어가 있는데요, 코다의 포스터에 나온 중지와 약지를 접은 손 모양입니다. 이것은 알파벳 I LOVE U를 합친 수화로, 어느 나라에서도 통한다고 하니 잘 기억해 두기를 바랍니다.

〉 어디에도 속할 수 없는 코다들 〈

비장애인 수어 통역사는 청각 장애인 문화를 잘 이해하지 못하고 사회에서도 청각 장애인 커뮤니티에 대해 정확하게 모른다는 이유로 루비와 같은 코다들이 가족들을 대신하여 수어 통역사가 됩니다. 루비처럼 나고 자라 그들의 문화를 명확하게 이해한다면 더 매끄럽게 통역을 할 수 있겠지요.

하지만 루비는 음악 선생님께 고백합니다. 자신이 처음 학교에 왔을 때 비장애인인 청인들처럼 말하기가 힘들었다고 말입니다. 루비가 한 말은 무슨 의미일까요? 청인인 코다들은 청각 장애인 가족과 함께 살아가게 되므로 일반적인 대화를 하는 언어 교육을 받을 수 없어요. 그래서 학교를 다니면서 사회화 교육과 언어 교육을 거치며 이 부분을 교정하고는 합니다. 하지만 그 과정이 순탄하지만은 않아요. 루비도 이런 이유로 왕따가 된 경험이 있다고 고백하는 장면이 나오지요.

그렇다고 해서 코다가 청각 장애인 가족들과는 똑같이 어울릴 수 있냐고 물으면 그것도 아닙니다. 가족들과 갈등이 생겼을 때 루비는 "엄마, 아빠, 오빠 셋이 맨날 똘똘 뭉쳐 있지 않느냐"며 불평합니다. 청각 장애인 가족을 둔 코다들이 이 장면을 보고 너무나 공감했다고 해요.

코다들은 이렇듯 청각 장애인 문화에도 청인 문화에도 제대로 속하지 못하는 경계에 서 있습니다. 그렇기 때문에 정체성을 만들기에도 굉장히 불안정하고, 루비처럼 수어 통역사로 가족을 책임지는 경우도 많아 막중한 책임감에 힘들어하지요.

루비의 가족을 큰 사회로 비추어 봤을 때, 이것은 사실 사회의 문제이기도 합니다. 루비와 같은 코다들 역시 비장애인 가족과 함께하는 아이들처럼 같은 교육을 받아야 하는데, 그러기 위해서는 사회에서 좀 더 세심하게 대책을 마련해야 합니다. 일차적으로 루비는 언어교육 측면에서 교육받을 권리를 침해당했습니다. 게다가 수어 통역을 할 수 있는 딸이 있다는 이유로 루비의 가족에게 전문 수어 통역사를 붙여 주지 않는 것 역시 루비와 같은 코다가 자유롭게 꿈을 선택할 권리를 제한하게 만듭니다.

꿈과 가족 사이에 갈등하는 루비에게 오빠는 속상함 반, 그리고 꿈이라는 선택지가 있는 루비를 향한 질투심 반으로 말합니다.

"제발 착한 척 그만하고 네 인생 좀 살아. 네가 태어나기 전에도 우리 셋은 잘 살았어. 네가 없다고 우리 가족이 살아갈 수 없는 것은 아니야."

이 영화는 이처럼 장애인에 대한 이해를 넓혀 줄 뿐만 아니라 그와 함께 살아가는 자녀인 코다의 어려움을 보여 줍니다. 이들의 삶을 보면서 우리가 장애 복지를 위해 어디까지 고민해야 하는지를 생각해 보게 합니다.

한국의 장애인 인권은 어디까지 성장했을까?

'여기는 왜 이렇게 장애인이 많지?'

20대 때 해외여행에 가면 항상 이런 생각이 들었습니다. 특히 일본에 갔을 때에는 평소 한국에서 보지 못한 다양한 장애인들을 봐서 의아했습니다.

우리나라는 장애인이 별로 없는 것일까요? 알고 봤더니 우리나라에 장애인들이 없는 게 아니었습니다. 우리 눈에 보이지 않는 것이었지요. 이것은 우리나라 사람들만 느끼는 지점이 아니에요. 외국인들도 한국은 장애인이 없는 나라인 줄 알았다고 말하거든요. 우리나라에서는 왜 장애인이 보이지 않을까요? 전체 인구의 5%나 되는데 말입니다. 100명 중 5명이 장애인인 셈인데, 그들은 다 어디에 있는 것일까요?

장애인들이 같은 생활 공간에 살아가려면 우선 바깥으로 나와야합니다. 그런데 장애인이 집 밖에 나서는 순간부터 비장애인과 다른 상황을 겪어야 합니다. 일단 다리가 불편한 장애인이든, 시각 장애인이든, 청각 장애인이든 이들이 안전하게 다닐 수 있는 길과 전용 시설이 부족하기 때문입니다. 그렇다 보니 짧은 거리를 이동하더라도 이동 시간은 비장애인에 비해 두세 배 이상 걸리지요.

장애인은 아니지만 이런 시설이 부족한 것을 저도 느낀 적이 있답니다. 첫째 아이가 태어나고 경기 남부 지역에서 친정인 가평으로 갈

일이 있었어요. 당시 운전을 하지 못했던 저는 유아차를 끌고 지하철로 가기로 마음먹었습니다. 하지만 집에서 역까지 가는 것부터 쉽지 않았어요. 지하철역까지 가는 길은 유아차를 끌 만큼 폭이 넓지도, 고르지도 않았고 턱이 수도 없이 많았거든요.

함들게 지하철역에 도착하고 나서도 어려움은 계속되었습니다. 유아차를 태울 장애인용 승강기를 타기 위해 더 멀리 돌아가야 했습니다. 진짜 난관은 서울의 한 환승역에서 시작됐습니다. 아무리 찾아도 유아차가 탈 수 있는 승강기가 없었어요. 어쩔 수 없이 역무원의 도움을 받아 유아차를 들고 에스컬레이터를 올라갔습니다. 그때 만일 휠체어를 타고 가야 하는 사람이라면 이 길은 매일 다닐 수 없겠다고 느꼈습니다. 혼자서 갔다면 1시간 30분이면 될 거리를 유아차를 끌고 가니 2시간 30분이 걸렸지요.

저는 그날 하루 겪은 일이지만, 휠체어를 타는 장애인들은 매일 같이 겪는 일상입니다. 이러한 현실에서 그들이 집 바깥으로 나와 우리와 함께 다니며 일하고 생활할 수 있을까요? 우리는 쉽게 가는 길을 장애인은 가지 못합니다. 장애인도 어디든 갈 수 있는 권리가 있지만 비장애인에게만 맞춰진 환경이 사실상 이들의 이동을 제한하는 것이지요.

이동권을 보장받기 위해 장애인들은 투쟁에 나섰습니다. 1984년 고(故) 김순석 열사는 '휠체어를 가로막는 도로 턱을 없애 달라'며 유서 5장을 남기고 스스로 세상을 떠났습니다. 지하철역에서 장애인들이 이동하다 사고를 겪는 일들도 벌어졌습니다. 2001년 오이도역,

2002년 발산역에서 장애인 리프트가 추락해 장애인이 사망하는 참사가 일어났습니다. 2017년에는 신길역 리프트에서 장애인이 추락해 혼수상태에 빠졌다가 2018년 1월 25일 사망한 일이 벌어집니다.

이 사건에 대해 서울교통공사는 '공사의 책임이 없다'고 선을 그었습니다. 오이도역 참사 이후 20년 넘게 장애인들은 이동권을 보장받기 위해 시위를 했지만, 여전히 보장받지 못하는 상황입니다.

이들이 요구하는 것은 두 가지입니다. 첫째, 신길역 장애인 리프트 추락 참사에 대해 서울시가 책임을 인정하고 사과할 것. 둘째, 역사마다 하나의 동선으로 승강기를 100% 설치할 것. 이것이 과연 이행되었을까요?

2023년 지하철 역사의 승강기 설치 실현율은 94%입니다. 비장애인이 보기에 이 수치는 굉장히 높아 보이지만, 6%의 지하철 역사에 가면 목숨을 건 리프트를 타야 한다는 이야기입니다. 게다가 승강기 설치는 시작에 불과합니다. 모든 역사에 승강기가 설치되어도 해결해야 할 문제가 많기 때문입니다. 예를 들어 비장애인이 승강기를 탈 경우 장애인들은 계속해서 기다려야 합니다. 승강기에 출구 번호가 붙어 있지 않아 승강기에서 나와 택시를 부를 때에도 난감한 경우가 많습니다.

또한 장애인은 지하철로만 이동하지 않습니다. 다른 대중교통도 이용해야 하지요. 그런 이유로 저상 버스도 도입되어야 하고, 도로도 개선되어야 합니다. 시각 장애인의 경우 이동권을 위해 다른 조치가 필요합니다. 버스가 오고 있다는 안내 음성을 들어도 몇 번째 버스를 타야 하는지 알 길이 없어요. 정부는 음성 안내 시스템이 있으니 시각 장애인을 위한 도움을 충분히 주고 있다고 여길 수 있지만, 더 세심한 부분이 보완되어야 합니다.

저상 버스에서 휠체어가 오를 수 있도록 경사로를 내리는 모습
저작권자 ⓒ NellieBly
https://commons.wikimedia.org/wiki/
File:Lowfloorramp.jpg

기본 권리인 이동권 하나만 두고도 이처럼 고민할 부분이 많습니다. 왜 한국에는 장애인이 보이지 않는지에 대한 의문은 거기서부터 풀릴 수 있을 것입니다. 이동권이 보장되어야 비로소 장애인 노동권이라는 다음 단계로 나아갈 수 있답니다.

간혹 먹고 살기도 어려운데 장애인까지 배려해야 하냐는 사람들이 있습니다. 하지만 비장애인은 장애인을 배려하는 존재가 아닙니다. 우리와 마찬가지로 평등하고 존엄한 동등한 인권을 가진 사람입니다. 부디 이 글을 읽는 여러분은 장애인 이동권에 대해 공감하고, 그들의 시위에 부정적인 시선을 거두기를 바랍니다. 영화 〈코다〉가 장애인과 가족들의 삶에 대한 관심과 공감을 키워 나가는 계기가 되었으면 합니다.

차별 금지법에 대해 아시나요?

혹시 차별 금지법을 들어 보았나요? 이 법에 대한 내용을 구체적으로 모르는 분들은 '차별 금지법=동성애 허용'으로 알고 있기도 해서 놀랄 때가 많습니다. 이러한 이미지는 미디어에 의해 왜곡된 것입니다.

차별 금지법은 성소수자를 포함해 사회가 관심을 갖기 힘든 소수자가 차별받지 않을 권리를 나타냅니다. 구체적으로는 고용, 교육, 의료 등에 한해 성별, 인종, 나이, 장애, 외모, 출신지, 국적, 가족 형태, 성적 지향, 성 정체성, 학력, 종교 등의 이유로 불이익을 주거나 서비스를 거부해서는 안 된다는 내용입니다. 사실상 우리가 보이지 않는 기준으로 그동안 차별하는 부분들을 담고 있지요.

그런데 일부 종교 단체들이 '성 정체성'과 '성적 지향'이라는 부분에서 동성애를 조장한다며 반대해 여전히 법으로 제도화되지 못하고 있습니다. 또한 일부 반대 단체에서는 이 법이 제정되면 '표현의 자유'가 사라질 것이라고 우려해요. 이 법으로 인해 성소수자나 장애인에 관한 자유로운 발언이 제한될 수 있다고요. 과연 그럴까요?

이런 우려에 대해 국가인권위원회는 "모두가 두려움을 느끼지 않고 의견을 말할 수 있을 때 표현의 자유가 보장되는 것"이라고 대답했습니다.

표현의 자유는 소수자를 마음껏 혐오해도 되는 자유가 아닙니다.

국가인권위원회의 답변처럼 누구에게도 해가 되지 않고, 두려움을 느끼지 않고 말할 수 있을 때 보장되는 것입니다. 자유와 책임은 따로 떼어 놓을 수 없으니까요. 여러분도 이 법에 대해 잘못 알고 계셨다면 이번 기회에 차별 금지법 제정 연대(https://equalityact.kr/faq/)에서 그 내용을 구체적으로 찾아보길 바랍니다.

함께 토론해 보아요!

♦ 장애인 이동권을 보장하기 위한 시위로 인해 대중교통에 불편함을 호소하는 비장애인 시민들이 많습니다. 여기에 대해 여러분은 어떤 생각을 가지고 있나요?

열심히 일한 보상을
받을 권리는 없나요?

카트

제가 처음 해본 아르바이트는 대형 마트의 캐셔(cashier)였습니다. 집과 가장 가까운 마트에서 친언니가 먼저 일하고 있었기에 어렵지 않게 일할 수 있었지요. 그때 만난 동료들은 저처럼 20대도 있었지만 대부분 아이들이 있는 기혼 여성이었어요. 그러던 어느 날 외국 회사였던 마트가 갑자기 매각된다는 이야기를 들었어요.

당시 20살인 저는 회사가 매각된다는 것이 어떤 의미인지 잘 몰랐습니다. 그저 회사 매각으로 소량의 퇴직금을 받고 퇴사하며 '나 같은 아르바이트생까지 퇴직금을 챙겨 주다니, 좋은 회사네'라고만 생각했지요. 당시 회사는 매각으로 인해 꽤 시끄러웠던 것으로 기억합니다. 하지만 저는 애초에 용돈을 벌기 위해 짧게 일할 생각이었기에 매각이니 정규직 전환이니 하는 이슈들은 관심 밖이었습니다.

그런데 이후에 그때 친했던 동료 기혼 언니들이 노동자 시위에 참여한다는 이야기를 들었습니다. TV에 나오는 노동조합 파업 농성이 저와 가까웠던 사람들의 일이라는 게 믿기지 않았지요. 동료들은 훗날 하나둘 다른 직업을 찾았다는 이야기를 들었어요. 농성에 가장 오래도록 참여한 분은 동네의 작은 마트에서 캐셔 일을 하고 계셨어요. 친언니에게서 전해 들은 소식이라고는 그분은 더 이상 대형 마트에 취업하기 힘들 거라는 이야기뿐이었습니다.

〈카트〉는 그때의 실화를 토대로 만든 영화입니다. 개봉 후 저는 이 영화를 안 볼 수 없었어요. 제가 일했던 현장이었고, 친한 언니들이 참여했던 일이었기 때문입니다. 당시 어리고 무지했던 저는 영화를 보고 현장에서 생계를 걸고 치열하게 싸우던 언니들을 떠올렸습니다. 그저 퇴직금을 받았다고 좋아했던 제 자신이 부끄러워졌지요.

인권을 지키기 위해 파업합니다

부지영 감독이 만든 영화 〈카트〉는 한국 상업 영화 최초로 비정규직 노동자 문제를 소재로 삼았다는 측면에서 굉장한 의의를 가진 영화입니다. '비정규직 노동자'라고 하면 나와 별 관계가 없다고 생각할지 모르지만, 제 추억 속에 함께한 동료처럼 여러분도 마트에 가면 늘 마주쳤던 사람들입니다. 그러니까 이 영화는 우리 바로 옆에 있던 사람들의 인권에 대해 생각하게 합니다. 아이돌 출신 도경수 배우의 출연으로 청소년 팬들이 이 영화를 많이 관람했다고 합니다. 그래서 인지 '나의 최애'를 보기 위해 관람했지만 이 영화가 실화라는 사실을 알고 눈물을 흘렸다는 청소년들의 후일담들이 많았습니다.

영화는 주인공 선희(염정화 분)가 아침 조회 때 공개적으로 정직원이 될 거라고 약속받는 장면으로 시작해요. 점장은 다른 직원들에게도 말합니다.

"부러워 말고, 열심히 일하면 정직원 되는 거예요, 정직원!"

그들은 함께 외칩니다.

"고객은 왕이다! 고객 감동 서비스! 회사가 살아야, 우리가 산다! 사랑합니다."

그들이 외치는 구호처럼 고객을 왕으로 생각하고 지칠 정도로 감정 노동을 하는 모습이 무척 현실적입니다. 선희를 포함한 대부분의 직원들은 기혼 유자녀 여성입니다. 맞벌이인 경우도 있지만 선희처럼 생계를 전담하는 사람도 많습니다.

그런데 회사는 경영이 어려워져 다른 곳으로 매각되어 버립니다. 회사의 주인이 바뀌면서 원래 있던 직원들을 대규모로 해고하려 합니다. 그 대상은 대부분 계약직으로 일하는 사람들이었습니다. 정규직으로 바뀔 날만 기다리던 선희 역시 근로 계약서 해지 통보서를 받습니다.

청소 노동자로 일하는 여성들과 캐셔로 일하는 여성 노동자들은 함께 모여 '부당 해고'에 대응하고자 노동조합을 만들었습니다. 다들

노조 가입 신청서에 지장을 찍어 내는데 대학생 민지(천우희 분)는 신청서를 내지 않고 곧 그만둘까 생각중이라고 말합니다. 선희 역시 이게 옳은 일인지 고민하지요. 결국 다른 방안이 없다고 생각해 지장을 찍습니다. 게다가 엉겁결에 노동조합을 대표하는 사람이 되지요.

영화를 보면서 우리가 알 수 있는 노동법은 크게 세 가지입니다.

첫째, 근로 기준법입니다. 근로 기준법은 헌법에 따라 근로 조건의 기준을 정하면서 노동자의 기본적인 생활을 보장하고 향상시키는 것이 목적입니다. 영화에서 마트 직원들은 마트 영업 시간이 끝난 후에도 야근을 했지만 연장 근로에 대한 정당한 임금을 받지 못했습니다. 근로 기준법에 따르면 일주일간의 근로 시간은 휴게 시간을 제외하고 40시간을 넘길 수 없고 하루 근로 시간은 8시간을 초과할 수 없습니다. 연장 근로를 하면 이에 해당하는 임금을 지급해야 할 법적 의무가 있답니다.

둘째, 노동조합 및 노동관계 조정법입니다. 노동자들의 권리를 지키고 부당한 대우를 당했을 때 법적으로 노동조합을 자유롭게 만들어 법의 테두리 안에서 권리를 되찾기 위한 활동을 할 수 있습니다. 이 법은 궁극적으로 고용자와 노동자의 관계를 공정하게 만들고 국민 경제의 발전에 이바지할 수 있기 때문에 만들어졌답니다.

셋째, 기간제 및 단시간 근로자 보호 등에 관한 법률입니다. 근로 기간이 한정된 단기 근로자나 시간제 근무로 일하는 단시간 근로자의 경우, 정규직과 비교하면 법적인 보호를 덜 받기 때문에 인권을 침해당할 가능성이 큽니다. 영화에서 민지는 회사가 직원의 립스틱 색깔까지 정해 준다고 말합니다. 이는 외모에 대한 인권 침해가 아무렇지도 않게 일어난다는 이야기이지요. 만일 이들이 부당하게 해고당하거나 인권 침해를 당하면 기간제 및 단시간 근로자 보호 등에 관한 법률에 위배됩니다.

이처럼 영화에서 마트 노동조합 직원들은 정당하게 법에 따라 조합을 만들고 파업을 합니다. 그런데 마트에 온 손님들은 "서비스하는 사람들이 경우도 없이 이게 무슨 짓이냐."며 이들에게 따집니다. 이들은 어쩔 수 없는 선택이라고 말합니다. 회사는 이들을 대체할 인력으로 캐서 아르바이트를 고용합니다. 파업을 할 때 아르바이트생을 대체 인력으로 쓰는 것은 불법입니다. 그럴 경우 파업의 의미가 없어지기 때문이지요.

복잡한 농성 현장을 회사 측은 무력으로 진압합니다. 노동조합 대표자 중 한 명인 청소 노동자(김영애 분)가 쓰러져 병원으로 실려 가고 다른 직원들도 유치장에 끌려갑니다. 유치장에 찾아온 아들에게 선희가 "엄마 잘못한 거 하나도 없어. 그냥 정규직 시켜 준다고 약속했는데 안 해주니까…." 하며 변명하는 모습이 가슴 아프게 다가옵니다.

비정규직과 정규직 어떤 차이가 있나요?

비정규직과 정규직은 어떤 차이가 있기에 영화 속 인물들이 '비정규직 철폐'를 걸고 그렇게 오래도록 싸운 걸까요? 정규직은 근로 기간을 정하지 않고 정년까지 근무하는 고용 형태입니다. 반면, 계약직은 회사가 근로 기간을 정해 두고 그때까지만 근무하게 계약하는 방식입니다. 계약직에는 '일반 계약직'과 '무기 계약직'이 있어요. 일반 계약직은 계약한 기간 동안 근무하는 방식이며, 무기 계약직은 일반 계약직과는 다르게 근로 기간을 정하지 않은 계약직입니다.

그렇다면 영화에서 자주 등장하는 비정규직이란 무엇일까요? 비정규직은 정규직이 아닌 모든 고용 형태를 말합니다. 여기에는 계약직, 단기 근로자인 일용직, 파견 근무직, 아르바이트와 같은 시간제 근로자도 들어갑니다. 이렇다 보니 회사의 사정으로 쉽게 해고할 수 있는 노동자가 비정규직입니다. 비정규직으로 일하는 사람들의 생계는 더 불안정해질 수밖에 없지요. 영화에서 노동조합을 가장 먼저 만든 혜미(문정희 분) 역시 아들의 수술비를 내기 위해 어쩔 수 없이 사측의 제안을 받아들이고 정규직으로 복직합니다. 그렇게 하지 않으면 아들의 목숨이 위태롭기 때문입니다. 고용 형태가 인권 문제와 관련 있는 가장 큰 이유는 이런 부분 때문입니다.

영화에는 계약직 직원뿐만 아니라 아르바이트를 하는 단기 근로자, 시간 근로자인 청소년의 노동권도 보여 줍니다. 선희의 아들 태영(도경수 분)은 엄마가 농성 현장에 있는 동안 아르바이트를 하는데, 최저 시급도 안 되는 돈을 받으며 그마저도 제대로 받지 못합니다. 화가 난 태영과 친구는 기물을 파손했다가 사장에게 폭행당해 경찰서로 연행되고 말지요. 알바생을 폭행했음에도 오히려 큰소리치는 편의점 점주(김희원 분)을 향해 선희는 말합니다.

"아저씨, 아들 같고 조카 같은 애를 왜 때려요? 왜 월급을 안 줘요? 아저씨는 뭘 잘했다고 큰소리예요? 일을 시켰으면 제대로 월급을 주셔야 할 것 아니에요."

이 말은 비정규직 노동자로 일하며 현장에서 고용주에게 받은 차별과 혐오를 향한 울분 섞인 외침처럼 들립니다.

역차별 논란과 능력주의의 한계

비정규직 사람들의 인권 침해를 막기 위해 우리는 어떻게 해야 할까요? 이들을 모두 정규직으로 전환시키면 될까요? 최근 세계적으로 공공 기관에서 비정규직 직원을 정규직으로 전환하는 사례가 늘고 있습니다. 그들이 일하는 동안 여러 차례 근무 평가를 받았기 때문에 정규직 자격이 충분하다고 판단한 것이지요. 영화 〈카트〉 속에서 선희는 5년 동안 벌점 한 번 받지 않은 착실한 사원입니다. 고용주라면 그런 노동자를 정규직으로 고용하고 싶을 거예요.

그런데 이렇게 정규직으로 전환하는 방식에 역차별 논란이 불거졌습니다. 정규직 입장에서는 바늘구멍 같은 입사 경쟁을 뚫고 정규직이 되었는데 비정규직은 그런 절차 없이 정규직이 된다니 억울하다는 입장인 것이지요. 이와 관련된 사례가 2020년에 일어났습니다. 바로 인천 국제공항의 비정규직을 정규직으로 전환하는 정책이 불러온 '불공정' 논란입니다.

2020년 6월 인천 공항 공사는 비정규직 보안 검색 요원 1902명을 정규직 청원 경찰로 고용한다고 밝혔습니다. 이후로도 점차 비정규직 노동자를 정규직으로 전환한다고 발표했습니다. 이 뉴스가 터지자마자 취업 준비생은 이것은 '역차별'이라며 청와대 국민청원 게시판과 국가인권위원회에 진정을 제기했습니다. 이것은 '인국공 사태'로 알려져 모두에게 열린 기회가 주어진 것이 아니라 인천 국제공항 비정규직 노동자에게만 특별 대우를 한 거라는 반발을 샀습니다. 인천 국제공항은 정규직으로 취업하기 아주 어려운 곳으로 알려져 있는데, 어렵게 공채로 들어온 기존 정직원과 비정규직 노동자로 일하다 전환된 정직원이 동일한 대우를 받는 것에 분노한 것이지요.

하지만 어려운 등용문인 공채에 선발된 사람만이 정규직이 될 권리가 있다는 의견에는 어딘지 불편한 지점이 있습니다. 마치 능력이 있는 사람만 특권이 있는 게 정당하다는 '능력주의'를 떠올리게 하거든요. 능력주의란 부나 권력 같은 희소한 것을 사람의 재능과 노력에 따라 평가하는 기준을 만들고 그 기준에 따라 차등적으로 대우하는 시각입니다. 인간은 존엄하고 평등한데 평가에 따라 차등적으로 대우받는 것은 현대적인 계급주의가 될 수도 있습니다.

이 사태에 대해 정부는 어떤 입장을 보였을까요? 국가인권위원회는 당시 '기존 정규직 직원과 정규직 전환 대상자 간 차별로 인한 구체적인 피해자가 특정되지 않았으며, 피해가 무엇인지 특정할 수 없으므로 조사 대상에 해당되지 않는다'고 설명했습니다. 역차별 논란이 일어난 것은 이해하지만, 논리적으로 역차별이라고 볼 수 없는 법적 근거가 있다는 것입니다.

이러한 이유로 우리는 비정규직의 정규직 전환에 대해 더 많은 생각과 토론이 필요합니다. 무엇이 옳은 일인지 무엇이 인권을 지키는 일인지 의견을 정리하면서 앞으로 우리 사회가 나아갈 방향에 대해 생각해 보았으면 합니다.

함께 토론해 보아요!

◆ 정규직과 비정규직의 차이는 무엇일까요? 그리고 비정규직 노동자들이 받는 차별과 인권 침해에는 무엇이 있을까요?

청소년도 '지금' 행복할 권리가 있어요

우리에겐 떡볶이를 먹을 권리가 있다

　최근 들어 학생의 인권이 지나치게 강화되어 상대적으로 교사의 권위가 떨어졌다는 이야기가 종종 나옵니다. 하지만 인권 문제는 누군가의 인권이 강화된다고 상대방의 인권이 침해되는 제로섬 게임(zero-sum game)이 아닙니다. 제로섬 게임은 두 사람이 경쟁해서 한 사람이 이겨 하나를 얻으면 진 사람은 하나를 잃는 게임을 말합니다. 마치 가위바위보처럼요.

　사회에서 일어나는 문제에는 아주 복잡하게 얽힌 수많은 원인들이 있습니다. 문제가 복잡해서 해결하려면 여러 과정을 거쳐야 해요. 게다가 이런 복잡한 인권 문제들은 수도 없이 늘어나고 있지요. 사람들은 문제들을 얼른 해결하고 싶고 명확하게 결론을 내고 싶어

합니다. 그래서인지 인권 문제를 제로섬 게임처럼 다루는 경향이 있습니다. 이기고 지는 승부가 명확한 게임처럼 말이지요. 하지만 인권은 서로 경쟁하는 영역이 아니랍니다.

교권이 떨어졌다고 해서 아동·청소년의 인권이 떨어지는 것은 사실이 아니며, 아동·청소년의 인권에 대한 관심을 줄여서도 안 됩니다. 아직 아동·청소년의 인권 역시 취약하기 때문입니다. 어른들도 관심을 가져야 하지만, 책을 보는 십 대 여러분은 자신의 인권을 위해 주체적으로 목소리를 내야 합니다.

오늘의 떡볶이를 참아야 밝은 미래가 펼쳐진다구요?

지금 소개할 영화는 아주 밝고 재밌는 단편 영화인데요, 영화 제목부터 흥미롭습니다. 바로 〈우리에겐 떡볶이를 먹을 권리가 있다〉입니다. 2016년에 나온 약 8년 전 영화이다 보니 요즘 친구들은 떡볶이 대신 다른 음식을 좋아할지도 모르겠어요. 저의 학생 시절을 돌아보면 학교를 마치고 즉석 떡볶이집에 가서 밥까지 볶아 먹었던 맛있는 추억이 있어요. 그 맛을 잊을 수 없어 지금도 부러 다른 지역에 있는 모교 앞으로 가 떡볶이를 사 먹곤 합니다. 그래서 이 영화를 보고 저의 어린 시절이 떠올랐습니다.

여러분의 소울 푸드(soul food)는 무엇인가요? 요즘 친구들은 마라탕을 먹고 탕후루를 후식으로 먹는다고 해요. 여러분의 소울 푸드를 대입해서 영화를 본다면 아마도 등장인물들의 마음에 좀 더 공감할 수 있을 거예요. 영화 〈우리에겐 떡볶이를 먹을 권리가 있다〉는 2016년 국가인권위원회의 인권 영화 프로젝트 〈시선사이〉(2016)에 포함된 첫 번째 단편 영화입니다. 영화를 만든 최익환 감독은 어느날 라디오에서 떡볶이가 먹고 싶어 학교 담을 넘은 청취자의 사연을 듣고 시나리오를 떠올렸다고 합니다. 놀랍게도 저의 어린 시절에도 이런 친구들이 있었어요. 학교에 매점이 없어서 교복 치마를 입고도 담을 넘는 친구들이 심심찮게 있었거든요. 그러다 걸려서 징계를 받기도 했지요.

그래서인지 영화 속 주인공 지수, 민영, 현서가 정말이지 친근합니다. 제 추억 속 담을 넘어 분식점을 드나들던 친구들 같아 보였거든요. 아무리 먹어도 질리지 않는 떡볶이를 쉬는 시간마다 교문 밖으로 나가 사 먹던 그들은 어느 날 청천벽력 같은 소식을 듣게 됩니다. 바로 학생의 안전사고 예방과 조용한 면학 분위기를 위해 교문 출입을 금지한다는 규정이 생겼기 때문입니다.

교문 밖으로 나가지 말라는 선생님의 말에 지수는 도대체 누구를 위한 규정이냐며 반발하지만, 선생님은 그저 참고 공부만 하라고 할 뿐입니다. 여러분 역시 크게 공감할 수 있을 거예요. 학생들은 다양한 이유로 자신이 좋아하는 것을 포기하도록 강요받습니다. 내가 좋아하는 최애의 팬미팅도, 매일 먹어야 하는 탕후루도, 보고 싶은 연인도 다 참고 공부해야 좋은 대학에 간다고 합니다. 이런 충고에는 항상 따라붙는 근거가 있습니다. '좋은 대학'에 가면 인생이 바뀌니 오

151

늘의 고통을 참고 견디라는 것이지요. 정말 그럴까요?

〈 모든 아동에게는 놀 권리가 있다 〉

아동과 청소년은 어쩐지 거리가 멀어 보입니다. 아동은 어린이 같고, 청소년은 사춘기가 지나 다 자란 학생 같은 느낌이 들기 때문이죠. 우리나라는 민법, 아동복지법, 소년법 등에서 아동의 범위를 나누고 있지만 유엔의 아동 권리 협약에는 아동의 범위를 '18세 미만의 자'로 정의합니다(협약 제1조). 그러니까 18세 미만의 청소년까지 아동으로 보는 거지요. 그리고 유엔 아동 권리 협약(1989년) 제31조에는 아동·청소년의 '놀 권리(right to play)'가 나옵니다. 아동이라면 반드시 놀 권리가 있고, 이를 보장받고 존중받아야 한다는 뜻이에요. 우리나라의 아동은 과연 이 놀 권리를 존중받고 있을까요?

영화를 보면 그렇지 않다는 걸 알 수 있어요. 떡볶이를 먹는 행위는 무엇인가를 열렬히 좋아하는 행위, 즉 놀 권리에 포함되는 행위예요. 그런데 굳게 닫힌 학교의 문은 아이들의 놀 권리를 막고 있습니다. 그들의 권리가 제대로 보장되지 않고 있음을 뜻합니다.

'아동의 놀 권리'를 언급한 최초의 국제 규정은 1922년 '세계아동헌장'입니다. 영국의 국제 아동기금단체연합이 발표한 이 헌장의 제25조에는 "아동들이 학교 수업이 끝난 후 놀 수 있도록 학교에 놀이터를 제공할 것"이라고 나와 있습니다. 그 이후로 몇 차례 변화를 거쳐 1989년 유엔의 아동 권리 협약에 '놀 권리'가 나오게 된 것이지요.

이런 권리가 있음에도 우리나라 아동·청소년들은 권리를 누리지 못하고 있습니다. 이유는 영화에 나오는 것처럼 치열한 입시 경쟁 때문입니다. 굳게 닫힌 교문은 학교 안에서 공부만 해야 하는 아이들의 모습을 대변합니다. 그 뒤에 나오는 교실 장면에서 담임 선생님은 이렇게 말합니다.

"지각, 조퇴 안 된다. 등하교 자가용, 택시 안 된다. 염색, 파마 안 된다. 치마 뒷무릎 이상 안 된다. 학교 앞 불량식품 안 된다."

이에 지수는 대답합니다.

"아니 사람이 흥이 나야 일도 하지, 우리가 소도 아니고 만날 천날 밭만 갈면서 어떻게 삽니까?"

그러자 선생님은 또 말합니다.

"여기에 있는 한 너희들은 그냥 '좀비'라고 생각해. 대학 가면 사람 된다. 다 너희 좋으라고 하는 거야."

우리는 이 짧은 대사에서 인권에 관한 많은 부분을 살펴볼 수 있습니다.

우선 등하교를 할 때 자가용, 택시도 타지 못해 이동할 권리를 침해받아요. 지각과 조퇴를 못한다면 아파도 쉬지 못하고, 학교 밖으로 외출할 수 있는 권리도 제한됩니다. 염색과 파마, 치마 길이 제한은 외적으로 개성을 표현할 자유를 침해합니다. 이 모든 것을 지수는 '흥'이라고 표현합니다. 우리의 '흥'을 제한하지 말라는 것이지요. 지수의 말이 맞아요. 어떻게 미래만 보고 오늘의 흥을 전부 포기하고 살 수 있을까요? 어른들도 그러긴 힘든데 말이에요.

뒤이어 선생님은 아이들에게 '좀비'라고 말합니다. 아무 생각도 없이 그저 살아 있는 사람의 피와 살만 탐하는 생명 없는 좀비. 우리 사회에서 바라보는 학생의 모습은 한 가지 목적만을 위해 돌아다니는 좀비에 비유되는 것이지요. 좋아하는 것, 사랑하는 것은 다 잊고 좋은 대학을 위해 아무 생각 없이 공부만 하는 것이 과연 학생들을 위한 길일까요?

학교는 '면학 분위기'를 조성한다며 이런 말도 안 되는 규칙을 세웁니다. 학생들의 놀 권리를 제한하는 것은 학교뿐만이 아닙니다. 학생들은 이미 너무 많은 숙제와 과외, 학원 때문에 놀 시간도, 장소도 없습니다. 기껏 해야 분식집에서 떡볶이를 먹으며 수다를 떨거나 코노(코인 노래방)에 가서 노래하는 것이 그들이 놀 수 있는 전부입니다.

청소년보다 어린 초등학교 친구들은 더 합니다. 예전에는 놀이터에서 친구들과 뛰어놀았지만 이제는 놀이터에 가도 예전처럼 놀 친구들이 많지 않습니다. 모두 학원에 가 있기 때문입니다. 그래서 공부가 아니라 친구를 만나기 위해 학원을 가는 아이들도 많아졌지요.

아이들이 놀 곳이 없다는 것은 또 다른 문제로 이어집니다. 디지털 시대가 되면서 SNS나 게임, 채팅에 더욱 몰두한다는 것인데요, 물리적인 공간이 없다 보니 사이버 공간으로 눈을 돌리는 것은 어쩌면 자연스러운 현상입니다.

이렇듯 아이들에게 놀 권리를 뺏고 놀이를 허락하지 않는 이유는 무엇일까요? 흔히 공부의 반대가 '노는 것'이라고 생각하기 때문인

것 같습니다. 하지만 놀이는 단순히 컴퓨터 게임을 하고 친구와 마라탕과 탕후루를 먹는 것만이 아닙니다. 영화에 나오는 네 주인공은 함께 떡볶이를 요리해 보고, 코인 노래방에 가서 노래 연습을 합니다. 이 모든 것들은 교육 현장에서 제공받지 못하는 또 다른 '배움의 현장'이 될 수 있습니다.

공부에 지장을 줄까 봐 좋아하는 것을 제한하고 놀 공간을 없앤다면 그 부작용은 반드시 나타날 수밖에 없습니다. 어쩌면 놀 권리를 침해당한 아동들이 선생님 말대로 진짜 생각할 줄 모르는 존재가 될지도 모릅니다. 내가 무엇을 좋아하는지, 무엇을 할 때 활력이 넘치는지 놀면서 깨우치는 것들을 모르고 자란 어른이 될 수도 있어요. 마치 좀비가 되어 다른 사람을 물어뜯은 지수의 꿈에서처럼요.

학생 인권 조례가 무엇일까요?

청소년의 인권에 대한 법률 가운데 대표적으로 떠오르는 것은 바로 '학생 인권 조례'입니다. 학생 인권 조례는 학교에서 학생들의 존엄과 자유, 권리를 지키기 위해 각 교육청에서 제정한 조례이지요. 현재 각 시도별로 학생 인권 조례를 시행하는 지역이 다릅니다.

학생 인권 조례의 내용은 인터넷에서 쉽게 찾아볼 수 있습니다. 그 내용은 인간의 기본권, 차별받지 않을 권리에 대한 내용과 크게 다르지 않습니다. 그런데 이 학생 인권 조례의 시행에 관한 찬성과 반대가 격렬하게 부딪히고 있어요. 찬성하는 측은 학생의 인권을 보장하는 법 규범이니 시행해야 한다고 말합니다. 반면 반대하는 측은 학생 인권 조례로 인해 교육 현장의 교권이 침해되거나 학교의 질서를 유지하는 데 어려움이 있다는 의견을 냅니다. 이런 논의가 거세어 어떤 지역은 학생 인권 조례가 시행되었다가 폐지되었다가 다시 논의하는 등 쉽지 않은 과정을 밟고 있습니다.

비단 학교와 학생만이 아니라 우리가 사는 세상에는 다양한 인권 영역이 충돌하고 있기 때문에 이 논의 과정은 더 나은 결과를 얻기 위해 거쳐야 하는 것이기도 합니다. 하지만 인권의 영역은 제로섬 게임이 아니에요. 어떤 인권 영역을 위해 다른 인권 영역을 없애야 한다는 시각은 좋은 방안이 될 수 없습니다. 더 힘이 센 영역을 위해 약한 영역이 포기해야 하는 것도 당연히 나은 결론일 수 없지요. 모두 동등한 위치에서 인권이 충돌하는 영역에 대해 깊이 있는 토론을 할 때 더 성숙한 시민 사회가 이루어질 것입니다. 학생 인권 조례 역시 긍정적인 방향으로 수정 보완되는 것이 필요할 거예요.

일전에 학생 인권 조례 폐지를 반대하는 한 학생이 든 피켓을 본 적이 있어요. 피켓에는 "우리 인권을 왜 어른들이 없애나요?"라는 글이 써져 있었어요. 어린이와 청소년들은 주체성을 가진 존엄한 인간입니다. 이들의 인권을 보호하는 학생 인권 조례는 그래서 더더욱 시대에 맞게 나아갈 필요가 있습니다. 이 글을 보는 청소년 여러분도 여러분의 인권에 대해 관심을 가지고 주체적으로 살아가기를 바랍니다.

함께 토론해 보아요!

- ✦ 청소년이라고 차별받았던 경험이 있나요? 있다면 우리는 이것을 어떻게 해결해야 할까요?
- ✦ 학생 인권 조례의 폐지에 대해 찬성과 반대 입장을 정리해 보고 여러분의 입장은 어떤지 함께 생각해 봅시다.

친구를 왕따시키는 것은 인권 침해인가요?

우리들

영화 모임에서 영화 〈우리들〉을 처음 보고 저와 제 또래 친구들은 다들 깊은 공감을 했습니다. 나의 어린 시절이 생각난다는 이유에서요. 초등학교 때 저도 영화의 주인공 선과 지아와 크게 다르지 않았답니다. 알게 모르게 서로 상처를 주고 의도치 않게 친구를 따돌리는 일에 가담하던 과거의 내가 주인공 아이들과 겹쳐 보였습니다.

이 영화는 초등학교 4학년 교과서에 실려 있어 많은 학생들이 알고 있다고 해요. 실제로 영화를 본 학생들이 주인공과 깊은 공감을 했다는 인터뷰도 보았습니다. 영화를 본 독자 여러분은 어떠셨나요? 이 영화를 보고 누구와 깊게 공감했나요? 혹은 주인공들이 당하는 일과 비슷한 경험이 있나요? 지금부터 영화 이야기를 살펴보며 교실에서 겪은 내 경험과 하나씩 비교해 봅시다.

다음 차례는 누구일까?

영화는 주인공 선의 얼굴을 멀리서부터 줌인으로 당겨 가까이 잡으며 시작해요. 그 인물의 표정을 통해 감정을 들여다보라는 의도이지요. 아이들은 가위바위보를 하며 이긴 사람이 데려가고 싶은 친구를 자신의 편으로 데려갑니다. 저마다 자신을 데려가기를 바라는 와중에 선이 역시 빨리 친구들의 편에 서고 싶어 해요. 남은 친구들이 줄어들수록 선의 표정은 점점 굳어져 갑니다. 결국 선이 마지막으로 남고, 친구가 선을 향해 이야기합니다.

"아, 뭐야. 이선 못한단 말이야."

어쩔 수 없이 마지막에 뽑힌 선은 피구가 시작되자마자 금을 밟았다는 이유로 쫓겨납니다. 안 밟았다고 이야기해도 친구들은 믿어 주지 않고 심지어 선이 금을 밟은 것을 봤다고 합니다. 선은 어쩔 수 없이 선 밖으로 나가게 됩니다. 그렇습니다. 선은 따돌림을 당하고 있어요. 추측하건데 선이 가난하기 때문에 따돌리는 것 같아요. 선이 모함당하고 나가는 장면이 영화의 첫 장면입니다.

영화 〈우리들〉이라는 제목이 뜨기 전까지 3분 남짓한 이 오프닝 시퀀스를 보고 영화에 푹 빠지게 됩니다. 3분 동안 관객은 초등학생들 사이의 관계와 미묘하게 따돌림을 당하는 선, 그리고 선이 느끼는 감정과 '피구'라는 흔한 스포츠가 얼마나 잔인한지까지를 선의 입장에서 경험할 수 있기 때문입니다.

어릴 때 제가 다닌 초등학교는 학년당 한 반밖에 없는 작은 학교였습니다. 그래서 6년 내내 같은 친구들과 생활해야 했지요. 어릴 때는 안 그랬는데 사춘기가 접어들 무렵인 5-6학년 때, 같이 노는 친구들 사이에 돌아가면서 따돌림을 당하는 이상한 분위기가 있었습니다. 한번은 제가 따돌림을 당하는 차례(?)였는데, 선생님께서 체육 시간에 피구를 한다고 하더라고요. 그때 저는 정말 무서웠답니다. 원래도 체력이 약해서 체육 시간에 항상 꼴찌였는데, 피구라니요. 저를 따돌리는 친구들은 신나게 공을 던졌고 저는 맥없이 공을 맞아 선 밖으로 나가야만 했습니다.

영화에서 나오는 것처럼 피구에서 가위바위보로 편을 나누는 과정도, 밟지 않은 선을 밟았다고 모함당하는 과정도 심지어 피구 경기를 하는 과정도 따돌림을 당하는 학생에게는 너무나 잔인하기만 합니다.

교사로 일하는 지인에게 왜 그렇게 피구를 많이 시키냐고 물은 적이 있습니다. 지인은 고학년 친구들은 움직이기 싫어하는데 체육 시간에 그나마 움직이는 스포츠가 피구라고 답했어요. 사실은 아이들을 위한 스포츠이지만 선과 같은 따돌림을 당하는 입장에서는 경험하고 싶지 않은 고문이나 다름없을 것입니다.

피구를 하고 선은 보라의 생일 파티에 초대를 받습니다. 보라는 선에게 자기 대신 학교에 남아 청소 당번을 해주면 파티에 올 수 있게 해준다며 주소를 건넵니다. 선은 보라의 생일 파티에서 친구들과 어울릴 수 있다는 생각에 흔쾌히 하기로 하고 보라에게 선물로 줄 팔찌를 직접 만들어요. 그런데 생일 파티가 열린다는 보라의 집은 다른 사람의 집이었습니다. 보라는 일부러 선에게 거짓 주소를 알려 준 것이지요.

화가 난 선은 보라를 위해 만든 팔찌를 육교에서 던져 버리려 합니다. 그러다 학교에 남아 청소하다 만난 전학생 지아를 육교에서 마주치게 됩니다.

"너, 선이지?"

속상한 마음을 둘 곳이 없던 선은 지아의 부름에 화가 난 마음을 풀게 되지요. 밟지도 않은 금을 밟았다며 쫓겨났던 체육 시간도, 보라의 거짓 생일 파티도 지아의 부름에 잊게 됩니다. 교실의 존재감 없는 아이가 아니라 '선'이라는 제 이름으로 불린 선은 기쁜 마음에 팔찌를 지아에게 선물하고, 그렇게 지아와 친구가 됩니다. 선과 지아는 무더운 여름 방학 동안 물놀이도 하고 봉숭아물을 들이며 함께 보내요. 둘은 비밀을 털어놓으며 진정한 친구가 됩니다.

그러나 행복했던 여름도 잠시, 영어 학원을 등록했다는 지아는 학원에서 보라와 우연히 친구가 됩니다. 새 학기가 시작된 후 선은 지아에게 아는 척을 하지만 지아는 선을 못 본 척합니다. 영어 학원에서 친해진 보라가 지아와 선의 사이를 갈라놓은 것입니다. 친구를 사귀어 이제 따돌림에서 벗어났다고 생각한 선은 다시 외톨이가 되고 말지요.

선과 지아 사이에 오해가 계속 커지고, 둘은 교실 안에서 큰 싸움을 벌이기까지 해요. 도대체 둘 사이에 무슨 일이 있었기에 친했던 관계가 이렇게 되었을까요? 영화 〈우리들〉을 보고 선와 지아 그리고 보라의 입장을 공감하며 여러분의 감정을 살펴보세요.

눈에 보이지 않는 교실 안의 차별들

영화는 선과 지아의 관계뿐만 아니라 교실이라는 일상에서 일어나는 많은 차별을 보여 줍니다. 선생님과 학생, 친구 사이 등 눈으로 볼 수 없지만 매일 일어나는 영화 속 그리고 우리의 일상 속 차별을 찾아볼게요.

선이 대신 보라와 친해진 지아는 보라와도 곧 사이가 틀어지게 됩니다. 지아와 보라가 멀어지는 결정적인 계기는 바로 담임 선생님이 보라와 지아의 성적을 공개한 일입니다. 항상 1등이었던 보라는 지아에게 1등을 내주고 맙니다. 선생님은 지아가 '올백'을 맞으며 1등이 되었다며 칭찬하고 친구들도 지아를 부러워합니다. 학생이 물어봐서 선생님이 대답해 준 것이니 이것이 차별인 건지 헷갈릴 수 있어요. 그러나 학생들의 성적을 공개하는 것은 사생활 침해에 속합니다. 학생들은 성적과 관계없이 학교에서 평등한 대우를 받아야 하니까요. 이런 이유로 학생의 성적을 공개하는 건 지양해야 합니다.

제가 고등학교에 다닐 때는 성적으로 나누는 우열반이 있었답니다. 저는 고등학교 2학년 때까지 열반에 있다가 3학년 때 우반으로 들어가자 기쁜 나머지 은근히 '우반'이라는 사실을 과시했습니다. 지금 생각해 보면 철없는 행동이었는데, 당시에는 우반과 열반으로 학생들을 나누는 것이 너무 흔해서 잘못인지도 몰랐던 것 같아요.

'우열반'의 문제점은 무엇일까요? 학생들을 성적으로 구분한다는 것 자체가 심각한 인권 침해입니다. 성적이라는 잣대로만 인간의 가치를 평가하며 동등한 기회와 존중이 바탕되어야 할 교육의 장이 분리됩니다. 학생들은 '성적'을 기준으로 우등과 열등으로 나뉘어 지나친 경쟁에 내몰립니다. 십 대 시기에 키워 나갈 다양한 가치관과 경험을 나눌 기회를 잃는 것이지요. 2008년 국가인권위원회는 우열반이 헌법의 평등권과 행복 추구권에 위배된다고 발표했습니다. 또한 유네스코의 교육 차별금지 조약에는 다음과 같이 나와 있습니다.

어느 개인 혹은 집단에게 인간의 존엄성에 모순되는 조건을 부과하는 것은 금지된다.

우열반은 이 조약에도 위배되어 폐지되었습니다. 하지만 2022년 경상도의 한 고등학교에서 성적이 우수한 학생들에게 방과 후 특별수업을 진행해 '우열반'이 부활한 것이 아니냐는 비난을 받았습니다. 학생들은 성적과 관련 없이 모두 똑같이 행복하고 교육받을 권리가 있음에도 말이지요.

지아의 성적이 공개되고 보라는 지아를 따돌리기 시작합니다. 지아는 1등을 했다는 이유로, 선은 가난하다는 이유로 따돌림을 당합니다. 따돌림은 학생들 사이 일어나는 가장 대표적인 차별입니다.

청소년 시기에는 내가 다른 친구들보다 성적이 좋거나 외모가 멋지다는 이유, 혹은 힘이 세다는 이유로 다른 친구들을 무시하는 마음이 들 수 있습니다. 이러한 비뚤어진 마음이 강해지면 친구를 따돌리고 괴롭히는 행동을 하기도 합니다. 영화 속 보라를 보면 친구들이 부러워할 정도로 큰 키와 멋진 외모를 가졌고 공부까지 잘합니다. 그러다 보니 친구들로부터 선망의 대상이 되지요. 그런 보라가 친구를 무시하고 따돌리는데, 그런 식으로 자신의 힘을 확인하려 드는 모습에서 보라가 나약한 자존감을 지녔다는 걸 알 수 있습니다. 나약한 내면이 건강하지 못한 방식으로 표출된 것이지요.

친구들에게 인기가 많다고 그 힘만 믿고 남을 괴롭히는 것은 엄연한 차별입니다. 게다가 차별을 넘어 범죄로 이어질 수도 있습니다. 어떤 이유에서든 자신보다 약한 사람을 괴롭히는 것은 범죄 행위에 해당하니까요. 우리 교실에서 이런 일이 일어나지 않도록 항상 되돌아봐야겠습니다.

방관하는 것도 죄인가요?

친구들이 따돌림을 할 때 나는 가담하지 않았다면 아무 문제가 없을까요? 그렇지 않아요. 혹시 '착한 사마리아인 법'을 들어 본 적 있나요? 이 법은 직접 범죄 행위에 가담하지 않아도, 혹은 자신에게 위험한 상황이 아닌데도 불구하고 피해자를 돕지 않은 사람을 처벌하는 법입니다. 프랑스, 영국, 캐나다, 스위스, 독일, 오스트레일리아, 일본, 중국, 러시아, 폴란드, 북한 그리고 미국의 워싱턴 D.C를 포함한 50개 주 등 10개국 이상에서 이 법을 시행합니다. 우리나라에서는 아직은 법으로 만들지 않았지만, 이 법이 적용된다면 방관자들 역시 처벌을 받습니다. 예를 들어 지아와 선이 따돌림을 당할 때 교실 안에서 가만히 있던 친구들도 공범인 셈이지요.

누군가 따돌림을 당하는 것은 어떤 특정한 이유가 있어서가 아닙니다. 따돌림을 당하는 친구에게 문제가 있는 것도 아니고요. 영화 속 지아와 선을 보면 알 수 있습니다. 따돌리는 분위기를 만드는 보라의 잘못이 가장 크지만, 그것을 가만히 보고 있거나 가해자를 지지하는 것 역시 피해를 당하는 친구에게는 가해 행위나 마찬가지입니다. 착한 사마리아인 법을 기억하며 우리는 과연 잘못이 없는지 생각해 보고 나는 과연 방관자가 아닌지 되짚어 보는 것이 필요합니다.

함께 연대하는 힘

선과 지아의 갈등이 계속되는 와중에 선의 동생 6살 윤이가 단짝 연호와 싸우고 옵니다. 맨날 연호와 싸우면서도 또 노는 윤이를 보며 남일 같지 않아 속상한 선이 말합니다.

"윤아, 너 왜 계속 연호랑 놀아. 계속 너 다치게 하고 상처 내고 때리잖아."

"이번엔 나도 같이 때렸는데, 연호가 나 때려서 나도 또 때렸어."

"그래서?"

"그러다 같이 놀았는데."

"야, 이윤. 너 바보야? 그리고 같이 놀면 어떻게. 또 때렸어야지!"

"…그럼 언제 놀아? 난 그냥 놀고 싶은데."

윤의 말을 듣고 선은 할 말을 잃습니다. 윤의 말이 맞았으니깐요. 지아와 선은 사실 싸울 필요도, 이유도 없었습니다. 둘은 그냥 놀고 싶었을 뿐이었고 친구가 필요했으니 목적도 같았거든요. 영화는 윤의 말을 통해 직접 메시지를 전합니다. 약자끼리는 싸울 필요가 없고 연대하는 것이 중요하다는 사실을요.

영화의 오프닝처럼 엔딩 역시 피구 경기 장면입니다. 아이들은 선에게 했듯이 지아에게 "금 밟았다."며 밖으로 나가라고 소리칩니다. 이 모습을 지켜보던 선은 방관하지 않고 소리칩니다.

"야, 한지아 금 안 밟았어. 내가 봤어!"

선과 지아의 연대가 시작되고 더 이상 방관하지 않는 용기를 내는 순간입니다. 여러분은 선와 같은 사람인가요? 보라와 같은 사람인가요? 아니면 따돌림에 무관심한 교실의 다른 친구들 같은 사람인가요? 영화를 통해 스스로 돌아보는 시간을 가졌으면 합니다. 지금도 교실 안에는 알게 모르게 많은 차별이 있습니다. 우리는 더 이상 방관하지 않고 선처럼 용기 있게 말할 수 있어야 합니다. 그 친구는 잘못이 없다고요.

함께 토론해 보아요!

- ♦ 우리나라에서 착한 사마리아인 법이 시행되지 않는 이유는 무엇인지 찾아보고, 이 법이 시행되었을 경우의 장단점은 무엇인지 정리해 봅시다.

- ♦ 위의 사례에서 언급된 것 이외에 교실에서 일어나는 차별의 말이나 행동은 무엇이 있을까요?

Part
04

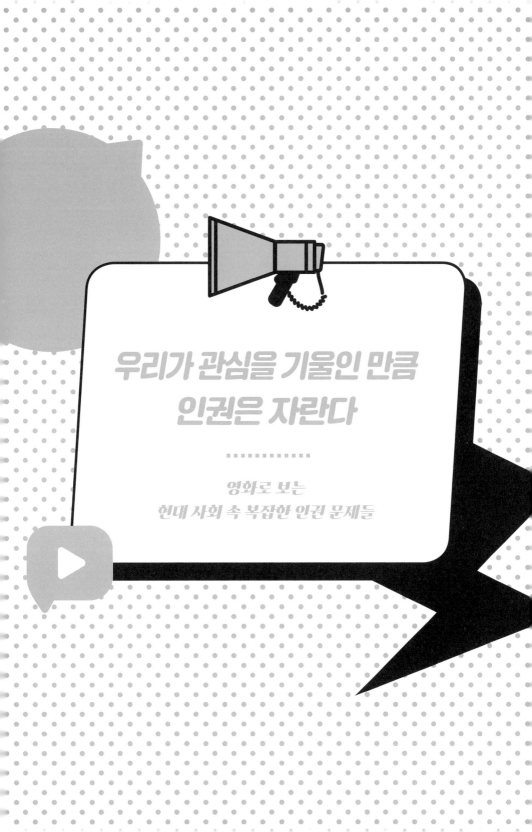

우리가 관심을 기울인 만큼
인권은 자란다

....

영화로 보는
현대 사회 속 복잡한 인권 문제들

　한국에서 오래 지낸 외국인에게 "한국 사람 다 됐네."라
는 말을 하거나, 아이를 낳고 키우는 여성에게 "애 엄마
같지 않네요."라는 말을 하면 어떨까요?

　우리 일상에서 이런 말을 마치 칭찬처럼 여기며 말하고는
해요. 하지만 듣는 사람에게는 마냥 칭찬처럼 들리지 않습
니다. 이 말들에 평소 우리가 가진 고정관념이 들어 있어서
듣는 이에 따라서는 불편함을 느낄 수도 있습니다. 외국인에
게는 '이주한 나라의 우월성을 과시하는 느낌'을 줄 수 있고,
엄마에게는 '엄마는 외모에 신경 쓰지 않고 다닌다'는 편견을
전하기 때문입니다.

이렇듯 우리가 무심코 내뱉는 말들에는 많은 태도와 판단이 담겨 있습니다. 이런 사소한 부분에 기민하게 반응하는 것을 우리는 '인권 감수성'이 높다고 표현합니다. 인권 감수성이란 쉽게 말해 약자나 소수자의 입장에서 우리가 당연하다고 여기는 것들이 당연하지 않았음을 의심해 보는 것입니다.

이번 챕터에서는 점점 복잡해져 가는 사회와 인권에 대해 살피며 인권 감수성을 높일 수 있는 영화를 소개하려고 해요. 이를 통해 우리가 무심코 침해한 여러 인권의 영역들을 자세하게 살펴봅시다.

디지털 성범죄의 피해자는
죄가 없어요

경아의 딸

    여러분은 집에 몇 시까지 들어가야 하나요? 청소년을 보호하기 위한 명목으로 PC방과 노래방, 찜질방은 일정 시간이 지나면 입장할 수 없는 법이 시행되고 있습니다. 실효성이 있는지에 대한 의견은 분분하지만, 이 법은 청소년들의 탈선 예방과 보호를 위해 나온 법이라고 합니다.

    제가 어릴 때에는 법적 효력이 있는 청소년 보호법이 없었어요. 그래서 각자 집마다 통금 시간이 달랐지요. 저희 집은 10시였는데요, 한 번은 좋아하는 가수의 콘서트에 다녀오다 10시를 넘겨서 어머니에게 크게 혼난 적이 있습니다. 성인이 되어서도 마찬가지였어요. 제가 살던 동네는 버스도 한 대밖에 다니지 않고 11시도 안 되어 막차도 끊기는 시골이었기 때문입니다. 어머니는 항상 "절대 택시 타면 안 된다. 버스 다닐 때 들어와라."라고 강조하셨어요. 어쩌다 한 번씩 택시를 타고 오면 "택시 타다가 위험한 일 당하면 어쩌려고 하냐."는 핀잔을 들었지요. 그때는 틀린 말이 아니었어요. 만약 막차를 놓쳐 택시를 타고 오다 정말 사고를 당하면 그건 늦게 다닌 제 잘못이 되어야 했어요.

영화 〈경아의 딸〉은 우리가 너무나 당연하게 여긴 '피해자의 잘못된 행동'에 과연 잘못이 있는지 끊임없이 질문합니다. 극 중 어머니인 경아가 딸 연수에게 하는 충고와 잔소리가 제가 어릴 때 듣던 것과 너무 닮아서 이 영화를 보면서 공감하지 않을 수 없었습니다.

'정말 연수가 잘못했나?' 영화가 던지는 두 가지 질문들

주인공 연수는 고등학생을 가르치는 새내기 교사입니다. 학생들을 사랑하고 공감하는 능력이 뛰어나요. 어머니 경아는 연수를 항상 자랑스러워합니다. 아버지가 일찍 돌아가셔서 단둘이 살아온 연수와 경아는 다른 모녀보다 각별해 보입니다. 경아는 연수에게 잔소리가 많지만 연수는 어머니의 잔소리를 따르며 사랑한다는 말도 해주는 기특한 딸이지요.

그런 연수에게 고민이 있습니다. 얼마 전 헤어진 남자 친구에게 원치 않는 연락이 계속 오는 거예요. 어느 날처럼 퇴근하는 연수의 학교 앞에 전 남자 친구가 꽃을 들고 찾아옵니다. 연수는 전 남자 친구에게 "이제 네가 무섭다"며 다시는 찾아오지 말라고 따끔하게 말하고 헤어집니다. 싱숭생숭한 마음을 달래려 경아의 집에 찾아간 연수는 갱년기가 온 경아를 위로하며 행복한 시간을 보냅니다. 행복한 시간도 잠시, 연수가 집에 돌아가자마자 경아에게 의문의 문자 메시지가 도착합니다.

메시지로 온 영상을 본 경아는 휴대폰을 던집니다. 영상에는 딸 연수가 어떤 남자와 성관계를 하는 모습이 있었기 때문입니다. 연수의 전 남자 친구가 헤어지자는 말을 듣고 화가 나서 주변 사람들에게 영상을 보낸 것이지요. 세상에 어떤 부모가 딸의 성관계 영상을 보고 충격 받지 않을 수 있을까요? 여기서 영화는 첫 번째 질문을 던져요.

"내가 경아라면 어떻게 행동할 수 있을까?"

영화는 연수의 이야기뿐만 아니라 동시대에 살지만, 다른 삶을 산 경아의 이야기도 담아냅니다. 평생 남편에게 가정 폭력을 당하며 산 경아는 남편이 죽은 뒤에도 그동안 당한 일들은 모두 '내 탓'이라고 여깁니다. 그래야 마음이 편해진다고요. 갱년기가 와서 수면 장애가 생겨 남편에게 당한 가정 폭력이 환청처럼 들리지만, 여전히 과거의 원인을 자신에게 돌리지요.

경아의 과거를 보면 지독히도 보수적이고 성에 대해 불결하게 생각하는 그녀가 납득이 갈 정도입니다. 남편과 원치 않는 성관계를 가

저야 했던 과거의 일들이 켜켜이 쌓이다 보니 경아의 머릿속에 성관계는 더러운 것이라는 인식이 자리한 것이지요. 경아는 연수가 당한 피해를 위로하기는커녕 믿었던 딸이 자신 몰래 남자를 만나 잠자리까지 했다는 사실에 화가 날 뿐입니다. 경아는 연수에게 이런 말을 퍼붓습니다.

"내가 널 어떻게 키웠는데! 더럽게! 너도 다 알고 찍은 거 아니야?"

여기서 영화는 두 번째 질문을 던집니다.

"동의 후 촬영된 성관계 영상이 불법적으로 유통되었을 때 피해자는 동의했다는 이유로 피해자가 될 수 없을까?"

동의하에 촬영된 영상일지라도 원치 않게 불특정 다수에게 사생활이 공개된 연수는 엄연한 피해자입니다. 연수는 어머니의 말에 상처를 받습니다. 가장 자신을 이해해 주고 편을 들어주어야 할 가족이 가장 아픈 말로 연수의 상처를 헤집습니다.

연수는 가해자(전 남자 친구)가 연수의 어머니뿐만 아니라 지인들에게도 동영상을 보내고 인터넷에도 유포해서 더 이상 교사 생활을 할 수 없게 됩니다. 직장도 그만두고 지인들과의 연락도 끊은 뒤 고시원에 들어가 인터넷에 유포된 영상을 찾아 지우고 피의자와 법정 공방을 하지요.

'이상적인 피해자'가 따로 있다?

영화 〈김복동〉에서 본 것처럼 우리 사회에서는 성범죄 피해자에 대한 고정관념이 강합니다. 그래서 피해자들이 용기 내서 피해 사실을 알리는 것조차 어려워합니다. 피해자임을 알리는 순간 사람들은 '피해자다움'을 요구하기 때문입니다. 피해자다움이란 범죄를 당한 피해자가 할 만한 여러 가지 행동이나 태도에 대한 고정관념을 말합니다. 예를 들어 '범죄로 자식을 잃은 부모는 언제나 슬퍼해야만 한다'라든가, '성범죄 피해자는 일상생활을 이어 나가기 힘들 것이다'와 같은 생각입니다. 쉽게 말해 우리가 '피해자'라는 이미지를 떠올릴 때 머릿속에 그려지는 심상이라고 할 수 있습니다.

하지만 이러한 고정관념은 사회가 만든 편견입니다. 실제 피해자는 살아가는 데 큰 지장을 받았지만 일상의 매 순간을 언제나 우울하게만 지내는 것은 아닙니다. 이 영화는 그러한 면을 아주 잘 보여 줍니다.

연수는 성관계 동영상이 유포된 뒤 교사를 그만두고 고시원에 틀어박혀 살지만 배달 음식을 시켜 먹으며 끼니를 거르지 않고 이따금 휴대폰으로 코미디 프로그램을 보며 웃기도 합니다. 이것은 우리가 생각하는 '전형적인' 피해자의 모습은 아닙니다. 하지만 이런 모습이야말로 진짜 피해자들의 모습이 아닐까요?

실제로 성범죄 피해자들이 경찰 조사에서 가장 많이 받는 질문이

'피해자다움'과 관련된 것들이라고 합니다. 예컨대 "왜 더 저항하지 못했냐?", "신고할 생각은 왜 하지 않았냐?", "일상생활을 어떻게 보냈냐?" 같은 질문인데요. 이런 질문을 하는 이유는 성폭력 피해의 경우 물증이나 증거가 부족해서, 피해자의 '피해자다움'이 범죄의 신빙성을 판단하는 근거로 작용되기 때문입니다.

　범죄 정책 연구자 닐스 크리스티의 최근 연구 발표에 따르면 사람들이 생각하는 이상적인 범죄 피해자상이 있다고 합니다. 이를테면 사람들은 범죄 피해자가 약할수록, 당시 도덕적으로 좋은 일을 하고 있었다고 여길수록, 위험을 회피하려고 노력했을수록, 가해자와 전혀 모르는 관계일수록, 가해자가 완력이 세고 악한 사람일수록 이상적인 피해자라고 생각한다는 것입니다. 그 기준과 반대일 경우에는 이상적인 피해자라고 여기지 않는다고 해요.

영화 속 주인공 연수를 예로 들어 볼게요. 연수는 약해 보이지 않고, 성관계 동영상 촬영을 동의했다는 점에서 일반적으로 통용되는 도덕적 기준에 부합하지 않고, 위험을 회피했다고 보기에도 어렵습니다. 게다가 가해자와 애인 관계였고 가해자는 순순히 범죄를 자백했기에 악한 사람이라고 여겨질 가능성도 적어 보입니다. 즉 연수는 우리가 이상적으로 여기는 피해자와는 거리가 멀어 보입니다. 영화는 그런 연수가 끝까지 살아갈 힘을 잃지 않는 것을 보여 줍니다. 그럼으로써 피해자에 대한 우리의 고정관념을 깨워 줍니다.

영화에서 피해자다움에 대한 편견이 가장 많은 사람은 다름 아닌 경아였습니다. 동료 선생님조차 "지금 가장 힘든 사람은 누구보다 연수 선생님일 거다."라고 말하는데도 경아는 연수에게 아픈 말로 상처를 주었으니까요. 경아는 연수에게 "밤늦게 택시 타면 위험하다."라거나 "지금 때가 어느 때인데 술을 먹고 돌아다니냐."고 핀잔을 줍니다. 이 말의 문제점은 무엇일까요?

밤늦게 돌아다니지 말라는 충고는 피해자가 피해를 입었을 경우 은근슬쩍 그 잘못을 자신의 탓으로 돌리게 합니다. 또한 "지금 상황에 술이 넘어가니?"와 같은 말은 피해자다움을 강요하며 피해자를 모욕하는 행위이지요. 이런 말을 아무렇지 않게 피해자에게 하는 것을 우리는 '2차 가해'라고 합니다. 2차 가해로는 피해자다움을 강요하는 것, 피해자의 피해 행위가 부끄럽다고 하는 것, 피해자의 신상을 유포하는 것들이 있습니다.

피해자들은 '피해자라면 응당 이러해야 한다'는 규격에 맞춰 생활해야 할까요? 그들이 잃어버린 일상을 되찾고 당당히 살아가기 위해 필요한 것은 이런 규격이 아닐 것입니다. 대다수의 사람들이 '피해자다움'을 향한 편견을 버리고, 있는 그대로 바라봐 주는 것만으로도 큰 힘이 될 것입니다.

디지털 성범죄에서 안전한 관계는 없다

영화의 마지막 장면은 연수가 어떻게 그 영상을 찍게 되었는지가 나옵니다. 이사를 하고 다른 날과 마찬가지로 연수와 전 남자 친구(가해자)는 데이트를 즐기는데, 전 남자 친구가 연수의 새 출발을 기록하기 위해 휴대폰으로 하루를 몽땅 촬영하기 시작하지요. 여느 연인들과 다름없는 일상이었고 특별한 날도 아닌 하루였습니다. 전 연인 관계였던 그들의 온전한 하루가 어쩌다 보니 카메라에 담긴 것뿐이었습니다. 물론 만약 영화의 설정이 자연스러운 하루가 아니라 서로 동의하에 촬영된 영상이라 할지라도 가해자와 피해자의 위치는 달라지지 않았을 것입니다.

이 행위가 잘못되었다고 생각한다면 주변을 둘러보아야 합니다. 형사 전문 변호사인 채다은 작가가 쓴 『당신 탓이 아니다』에는 최근 학생들이 재미로 성관계 장면을 동영상으로 찍는 경우가 많으니, 학부모들의 교육과 주의가 필요하다는 내용이 담겨 있습니다. 학부모들은 절대로 상상할 수 없는 일이지만, 요즘 친구들은 음식 사진을 찍듯 일상을 촬영하는 일에 거리낌이 없습니다. 허나 그 영상이 당장 유포되지 않더라도 성인이 되었을 때 유포되는 일도 있고, 남성의 경우 유포한 적이 없는데도 고소당하는 일이 종종 있다고 합니다. 연수도 마찬가지였을 것입니다. 그저 놀이처럼 거리낌 없이 하루를 담은 일종의 '브이로그(vlog)'였던 것이지요.

연수의 불법 영상처럼, 영상물의 경우 일단 유포되고 나면 온라인에서 아예 삭제하는 것이 거의 불가능합니다. 지워도 누군가가 다시 업로드하는 경우가 많기 때문입니다. 게다가 모르는 사람이 연수에게 전화를 걸어 "누나 팬이에요."라는 말을 하는 장면을 보면 연수의 신상 정보가 인터넷에 이미 유포되었음을 유추할 수 있습니다. 단 한 번의 촬영과 업로드이지만 성범죄 피해자인 연수는 매 순간 2차 가해를 버티며 살아가야 합니다.

연수처럼 연인끼리 동의하에 촬영된 성관계 영상이 불법으로 유통되는 경우를 '보복성 음란물'이라고 합니다. 동의하에 촬영한 것은 불법이 아니지만 그것을 불특정 다수가 볼 수 있도록 유통한 것은 디지털 성범죄입니다. 게다가 자신이 촬영 당하는지도 모른 채 찍히는 경우도 많습니다.

이런 보복성 음란물의 피해자가 되지 않으려면 성관계를 하지 않으면 될까요? 안타깝게도 디지털 성범죄는 점점 진화하고 있습니다. 최근 디지털 성범죄는 보복성 음란물만 유통시키는 것이 아닙니다.

사진 한 장만으로 합성해서 음란 영상을 만들어 유포하는 경우도 있고, 한 번도 만난 적 없는 사람인데도 SNS에서 착취당하는 범죄도 상당히 많습니다.

우리도 모르게 어느새 개인 정보를 노출하고 있을 수 있습니다. SNS에 올리는 사진과 글에 나오는 정보를 비롯하여 학교, 가족, 친구들의 정보 등을 조합해 꽤 자세한 신상을 알 수 있고, 이 정보들로 범죄자의 타깃이 되기도 합니다. 요즘에는 범죄 수법이 다양해져서 이벤트 참여를 목적으로 사진을 요구하고, 그렇게 참여할수록 점점 수위를 높여 성적인 사진을 요구하는 경우도 있습니다. 혹은 보이스 피싱처럼 모르는 링크를 눌러 개인 정보를 빼내기도 합니다. 친한 척 다가오는 익명의 타인들 역시 경계해야 할 사람들입니다.

2020년, 코로나로 인한 팬데믹 시기에 'N번방'으로 불리는 디지털 성착취 영상 유포 사건이 터져 세상이 떠들썩했습니다. 이 사건은 2018년 하반기부터 2020년 3월까지 디지털 채팅앱 텔레그램과 디스코드를 활용해 여성들을 유인해 협박해서 성착취물을 찍게 하고, 이 영상을 유포한 신종 디지털 성착취 사건입니다. 이 사건의 피해자들 중에는 초등학생과 중학생도 있었습니다. 해당 피해자들은 앞서 설명된 방법으로 처음에는 얼굴 사진을 전송했고, 그 다음에는 몸, 다음에는 영상 순으로 점점 심한 피해를 입었습니다. 피해자들은 먼저 보낸 사진과 개인 정보를 빌미로 협박당해서 계속해서 성 착취를 당할 수밖에 없었지요.

무심코 보내거나 SNS에 올린 내 사진 하나가 어떻게 쓰일지 모르는 세상입니다. 그런 사람들에게도 "그러니까 SNS를 하지 말았어야지."라고 말할 수 있을까요? 마찬가지로 동의하에 동영상을 촬영했지만, 불법으로 유포되길 원하지 않았던 피해자 연수에게도 우리는 2차 가해가 아닌 위로를 건네야 합니다. 그 피해자가 내가 되지 말라는 법이 없으니까요.

피해자는 아무 잘못이 없다는 진실

영화 속 경아는 연수의 뒤를 쫓으며 연수의 고통에 공감하게 되고 비로소 과거의 자신이 겪은 일 역시 자기 탓이 아니었음을 깨닫습니다. 내 탓이라고 생각하면 편하다고 하는 경아에게 연수는 말합니다.

"엄마 탓 아니야. 내 탓도 아니고, 그러니까 그런 말 하지 마."

경아와 연수의 대화에서 '내 탓'이라는 말이 성범죄 피해자 스스로에게 죄책감을 심어 주는 말이라는 사실을 알 수 있습니다. 예전에는 성범죄와 관련된 교육을 할 때, '하면 안 되는 것'들에 대한 교육을 항상 해왔습니다. 예를 들어, 제가 어렸을 때에는 짧은 치마를 입고 밤늦게 돌아다니면 성범죄를 당할 확률이 커진다고 교육받았습니다. 어쩌면 경아도 그런 교육을 받았던 인물이라서 자신의 탓을 하는 것인지도 모릅니다. 지금은 어떨까요?

디지털 성범죄가 일반적인 성범죄만큼 늘어난 지금 시대에도 우리가 받는 교육이 과연 크게 달라졌는지 의문을 가질 필요가 있습니다. 지금도 우리는 모르는 사람을 '조심하라'는 말을 많이 듣기 때문입니다. 예전처럼 피해자의 옷차림이나 행동에 초점을 맞추지는 않지만, 여전히 우리는 하지 말라는 말을 많이 듣습니다. 피해자가 조심하면 모든 것이 해결될 것처럼요. 하지만 한 번도 보지 못한 형태의 새로운 범죄들은 제아무리 조심해도 그 위험에서 완벽하게 벗어나기 어려운 현실을 알려 줍니다.

그렇기에 우리가 먼저 받아야 할 교육은 상대방에게 공감하는 '성인지 감수성'과 '인권 교육'일 것입니다. 경아, 연수 그리고 이 글을 보는 여러분 모두 하지 말라는 말을 아무리 듣고 실천하려 해도 무엇도 보장할 수 없는 세상을 살아가고 있습니다. 이러한 때 우리에게 필요한 것은 비록 잘 알지 못하더라도 피해자의 고통을 이해하려 노력하고 연대하는 자세이지 않을까 생각해 봅니다.

함께 토론해 보아요!

◆ 디지털 성범죄를 막기 위해서 가장 필요한 사회 제도나 교육은 무엇이라고 생각하나요?

깨끗한 물이
왜 인권과 관련 있나요?

삼진그룹 영어 토익반

　환경 위기 시계를 아시나요? 환경 위기 시계는 환경 파괴에 대한 경각심을 갖게 하고자 환경 위기감을 시계로 나타낸 것이에요. 이 시계에서 자정은 곧 '인류의 멸망'을 의미합니다. 나라마다 설문 조사를 하고 그 결과로 환경 위기 시계를 각각 발표합니다.

　2024년 환경재단은 기준 세계의 환경 위기 시계는 9시 27분, 한국의 환경 위기 시계는 9시 11분을 가리킨다고 발표했습니다. 2020년 이후의 자료에 따르면 자정과 가까운 시각을 보인 지역은 북미와 서유럽 지역이었습니다. 산업화가 많이 진행된 곳일수록 환경 시계의 위험성이 더 크게 나타난다는 것을 알 수 있습니다.

　지구는 하나의 생명체입니다. 생명체는 한 번 사라지면 되돌릴 수 없어요. 지구의 환경 역시 마찬가지입니다. 지구의 환경 오염에는 수 많은 이유가 있지만 크게 두 가지 원인을 꼽을 수 있어요.

하나는 인간의 욕심과 탐욕입니다. 산업 혁명 이후로 대량 생산을 하면서 우리는 풍요로운 생활을 누리게 되었어요. 적당히 먹고 입어 도 되지만 사람들은 더 많은 것을 가지고 소비하는 것을 미덕으로 삼 았습니다. 더 예쁜 것, 더 좋은 것, 더 멋진 것을 소유하기를 원했고, 그런 욕구에 발맞추어 기업들은 필요 이상의 물건과 서비스를 만들 어 판매했습니다. 생산이 많아지자 기업들의 경쟁 역시 과열되어 더 빠르게, 더 많이 판매하고자 수단과 방법을 가리지 않았습니다. 그 과정에서 무분별하게 환경이 파괴되었습니다. 결국 소비자와 기업 모두의 욕심이 환경 오염을 초래한 셈이지요.

또 다른 하나는 세계가 모두 하나로 연결되어 있기 때문입니다. 인 간이 소비하는 대부분의 에너지는 석유와 석탄에서 비롯됩니다. 자 동차와 같은 이동 수단은 석유로 움직이고 매일 사용하는 휴대폰과 컴퓨터는 석탄으로 전기를 만들어 씁니다. 강대국들은 석탄, 석유와 같은 화석 에너지를 과도하게 소비하는 나라들입니다. 우리나라도 에너지를 많이 쓰지요. 화석 에너지를 사용하면서 나오는 탄소는 지 구 온난화를 부추기고, 환경 오염을 일으켜요. 그 여파는 연결된 세 계 안에서 화석 에너지를 적게 쓰는 나라들, 개발이 덜 된 개발 도상 국들도 함께 받습니다. 쉽게 말해 부자 나라들이 마음껏 쓴 에너지로 인한 피해를 가난하고 힘없는 나라들도 함께 입는다는 말입니다.

환경 문제가 인권과 관련 있는 이유는 바로 이 때문입니다. 충분함에도 더 풍요롭고자 욕심을 부리는 사람들로 인해 힘없고 가난한 사람들이 더 크게 피해를 입는다는 점에서 환경 문제도 인권의 영역으로 들어옵니다. 이러한 측면에서 환경 문제는 정의와 평등의 시선으로 바라봐야 하는데요, 환경 문제를 정의롭게 해결하기 위해 노력한 세 명이 나오는 영화 〈삼진그룹 영어 토익반〉을 통해 이 문제에 대해 깊게 살펴볼게요.

환경 오염이 정의와 관련 있는 이유

영화는 우리나라에 있는 작은 시골 마을의 물이 오염된 것부터 시작됩니다. 이 작은 마을에서 피해를 입는, 아무 죄도 없는 사람들은 마치 힘없는 나라의 사람들로 보입니다. 오염된 물을 아무렇지 않게 방류하는 삼진그룹을 돈 많은 선진국의 행태와 다를 바 없습니다. 그렇기에 영화의 이야기가 지구의 환경 문제로 이어지고 우리가 왜 정의롭게 행동해야 하는지를 이해할 수 있습니다.

1995년 상업고등학교를 졸업하자마자 입사해 8년 동안 잔심부름만 하던 생산관리3부의 자영(고아성 분)은 우연히 삼진그룹에서 운영하는 공장에서 검은 폐수가 유출되는 것을 목격합니다. 폐수 주변의 물고기들이 떼죽음을 당하자 자영은 관련 부서에 해당 내용을 보고합니다.

자영은 무거운 마음을 안고 곧 있을 승진 시험을 위해 동기인 유나

(이솜 분)와 보람(박혜수 분)과 토익 시험에서 660점을 넘기 위해 밤
낮으로 공부합니다. 자영의 보고로 회사는 외국 기관에 수질 오염 검
사를 의뢰했고, 페놀이 아주 극소량 검출되었다는 결과를 받습니다.
극소량이라도 페놀이 검출되었으니 삼진그룹은 이 사실을 알려야
했지요. 오염된 물을 사용해야 하는 동네 사람들에게 회사를 대신해
자영이 찾아갑니다. 자영은 회사에서 시키는 대로 합의서를 들고 페
놀이 극소량 검출되었으나 건강에는 큰 이상이 없을 것이며 검출된
내용에 대해 금전적인 보상을 할 거라고 설득합니다.

주민들은 별다른 의심 없이 합의서에 지장을 찍어 주었습니다. 하
지만 다른 주민들과 다르게 과수원 주인이라는 남성은 피부가 다 벌
겋게 올라와 있었고, 사과들이 다 썩어 수확할 수 없었다고 말합니
다. 그 말에 자영은 물 오염으로 인한 피해를 의심하며 동기들에게

이 사실을 알리고 감추어진 진실을 찾으려 애씁니다.

수학 천재 보람과 적극적인 유나의 도움으로 자영은 실제 검출된 페놀이 극소량이 아니라 무려 488톤이라는 사실을 알아냈습니다. 페놀은 과수원 사장님처럼 피부병을 일으키거나 중추 신경 장애와 각종 암을 유발하는 독극물로, 심하면 사망까지 이를 수 있는 물질입니다. 삼진그룹은 이런 독극물을 불법적으로 방류하고도 그 사실을 은폐하고 합의서를 받으려 한 것입니다.

곧 승진 시험도 앞두고 회사에서 잘리고 싶지 않은 세 주인공은 고민합니다. 이 사실을 고발하면 내부 고발자가 되는 것이고, 감추고 있자니 선량한 사람들이 입은 피해를 묵인하는 것이니까요. 그 와중에 오염수가 또 한 번 방류되어 악취가 난다는 민원이 나오고, 삼진그룹의 페놀 방류 사건은 뉴스에 보도됩니다. 그리고 이 사건에는 페놀 방류만이 아닌 삼진그룹의 인수 합병과 관련된 음모가 있다는 사실을 알게 됩니다.

회사를 사랑해서 삼진그룹에 오래도록 남고 싶은 세 주인공이 과연 어떤 선택을 하는지 영화를 통해 확인해 보세요.

깨끗한 물을 마실 권리

물이 없다면 어떻게 될까요? 언제나 편하게 수도꼭지를 돌리면 깨끗한 물이 나오는 환경에 사는 우리는 물의 중요성을 쉽사리 알지 못합니다. 물이 언제까지나 콸콸 쏟아져 나올 것 같지요. 지구에 있는 물의 양이 적지 않지만, 그중 97%가 바닷물입니다. 바닷물은 먹을 수가 없어요. 우리가 먹을 수 있는 담수는 전체 물 중 3%밖에 되지 않습니다. 그중에서도 90% 이상은 빙하나 녹지 않는 만년설로 얼어 있어 우리가 실제 쓸 수 있는 물은 10%밖에 안 됩니다. 그러니까 우리는 전체 물 중 0.3%만 쓸 수 있는 거예요.

매우 흔한 것처럼 여겨지는 물도 사실은 매우 희소한 자원입니다. 사람은 음식 없이 50일을 버텨 내지만 물이 없으면 3일에서 7일 정도밖에 버티지 못해요. 이처럼 희소한 물은 인간의 생존과 깊은 연관이 있습니다. 이는 물을 마실 권리가 인권임을 의미합니다. 이러한 이유로 삼진그룹이 방류한 물은 그 물을 사용하는 사람들의 인권을 침해한 행동인 것입니다.

실제 80억이 넘는 전 세계 인구 가운데 20억 명이 오염된 물을 마십니다. 이 물로 콜레라, 이질, 장티푸스, 소아마비 같은 질병에 걸릴 위험에 노출되어 있지요. 유엔(UN)이 2023년에 발표한 자료에 따르면 세계 인구 10명 중 1명은 일상생활에 필요한 물을 공급받지 못한다고 합니다. 세계기상기구(WMO) 역시 물을 지금처럼 소비한다면 2050년에는 50억 명이 물 부족으로 고통받을 거라고 경고했습니다.

우리나라는 물이 충분하니 물 오염으로 인권 침해를 당할 일이 없을까요? 그렇지 않아요. 이 영화의 모티브가 된 90년대 모기업의 페놀 방류 사건을 비롯해 2009년과 2010년 전북 익산의 한 마을에서는 인근 비료 공장에서 불법으로 방류한 폐수 사건 등 물 오염 사례가 적지 않습니다. 전북 익산에서 일어난 방류 사건의 경우 인근 주민들의 암 발병이 집중적으로 늘어난 것으로 기록되어 있습니다. 비교적 최근인 2020년 경기도의 광역환경관리사업소가 조사한 바에 따르면 사업장 100여 개 중 36곳이 폐수 방류 위반 업체로 적발되었습니다. 영화 속 이야기가 남의 얘기가 아니라는 말이지요.

다시 영화로 가볼게요. 과수원 농부의 딸은 아버지가 수확하는 사과가 정말 맛있다며 먹어 보라고 꺼내 주는데요. 그 사과를 바라보는 자영의 표정이 오묘해집니다. 한 농부의 생계, 가족의 삶을 상징하는 사과가 독극물에 오염되었고, 그 사과를 건네받은 자영은 거부할 수 없습니다. 회사의 지독한 이기주의로 인한 피해는 과연 그 마을 사람들만 입었을까요? 페놀을 품은 사과가 전국으로 유통된다면 또 다른 피해가 생겨날 것입니다. 실제로는 어떨까요?

세계보건기구(WHO)는 지구에 생기는 질병의 80%가 오염된 물과 관련 있다고 보고했습니다. 여전히 전 세계에서 배탈이나 설사병으로 숨지는 사람들은 대부분 더러운 물과 화장실이 원인입니다. 특히 질병에 취약한 노약자나 어린이, 임산부에게 물은 더 중요한 자원이에요. 영화 속 독극물을 품은 사과가 유통되면 다른 피해자가 생기게 되는 것처럼, 오염된 물로 인한 질병은 전염과 같은 또 다른 피해를 일으킵니다.

물 오염이 심각해지자 유엔에서는 2010년 깨끗한 식수와 화장실을 사용할 권리를 인간의 기본권으로 선언했습니다. 또한 1992년부터 매년 3월 22일을 '세계 물의 날'로 지정했습니다. 이를 통해 물 문제의 심각성을 인식하고 수자원을 보호하고 개선하자는 뜻을 널리 알렸지요. 영화 〈삼진그룹 영어 토익반〉을 보며 여러분도 인권과 관련되는 물의 중요성과 의미를 되새겨 보면 좋겠습니다.

기업이 환경을 대하는 태도에 대해

최근 지속 가능한 삶을 위해 기업들이 실천하는 ESG 경영에 대해 알고 있나요? ESG는 환경(Environmental), 사회(Social), 지배구조(Governance)의 영문 첫 글자를 조합한 단어로, 기업이 지속 가능한 경영을 하기 위한 3가지 핵심 요소를 말합니다. 쉽게 말하면, 현대 사회에서 오래도록 기업이 경영을 지속하려면 이 세 가지 핵심 가치들을 고려해 가치를 만들어 내는 경영을 해야 한다는 뜻이지요. 기후 위기가 심각해지고 기업이 사회에 미치는 영향력이 커지면서 ESG 역시 강조되고 있습니다. 영화 〈삼진그룹 영어토익반〉은 ESG 가운데 E에 해당하는 환경 가치와 연관 지을 수 있습니다.

기업은 재화와 서비스를 생산하는 이익 단체로 그 과정에서 반드시 환경을 빌려 쓸 수밖에 없어요. 이 과정에서 환경을 최소한으로 활용하고 보존하려고 노력해야 하며 제품을 폐기할 때에는 반드시 올바르게 버리자는 것이 ESG 중 환경 내용의 핵심입니다. 앞으로의 기업은 이익만을 바라는 집단이 아니라 지구인으로서 함께 공존하기 위해 자원을 올바르게 이용하고 소비자를 존중해야 한다는 것이지요. 그렇기 때문에 자영이 마을 사람들을 찾아간 것처럼 기업과 소비자 간의 커뮤니케이션도 매우 중요합니다. 기업과 긴밀한 관계를 맺는 지역 주민들과 정직하고 원활하게 의사소통해야 하지요.

요즘은 지구의 환경을 걱정하고 오래도록 공존하는 방법을 추구하는 소비자들이 늘고 있기 때문에 삼진그룹처럼 이기적인 마음으로는 오래도록 경영할 수 없습니다. 이 영화를 보면서 앞으로 기업이 환경을 어떻게 다루어야 하는지, 하지 말아야 할 일과 해야 할 일은 무엇인지 깊게 생각해 볼 기회가 되었으면 좋겠습니다. 안타깝게도 영화 속 사례와 비슷한 일들이 실제로도 많이 일어나고 있는데요, 모범 사례와 부정적인 사례를 함께 찾아보며 우리 사회가 나아갈 방향에 대해 이야기해 보는 것은 어떨까요?

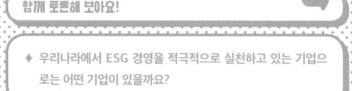

함께 토론해 보아요!

◆ 우리나라에서 ESG 경영을 적극적으로 실천하고 있는 기업으로는 어떤 기업이 있을까요?

흑형이란 말은 나쁜 건가요?

겟 아웃

미국의 코미디언 출신 감독 조던 필 감독이 데뷔작 〈겟 아웃〉으로 2018년 제90회 아카데미 시상식에서 각본상을 수상하자 관객들의 환호성이 터졌습니다. 쟁쟁한 작품들과 경쟁한 끝에 수상한 이 영화는 '매우 신선하다'는 호평을 받았습니다. 다음 해 작품상을 받은 〈그린 북〉이나 앞서 소개한 〈노예 12년〉과 같이 인종 차별을 주제로 한 영화들은 주로 흑인보다 백인이 더 우월하다는 '백인 우월주의'를 다루고 있습니다. 그런데 이 영화는 백인보다 흑인이 더 우월하다는 '흑인 우월주의'를 토대로 차별에 대해 이야기하고 있답니다.

영화의 포스터를 보면 엄청 무서운 호러물처럼 보이는데요, 감독이 코미디언 출신인 만큼 무섭지만 위트 있게 영화를 풀어 나갑니다.

감독 자신이 흑인으로 차별받은 경험을 녹이고 독특한 시각으로 표현한 센스가 돋보이는 영화니 여러분도 감상해 보기를 바랍니다.

{ 우월하다고 하는 것도 차별이 될 수 있나요? }

혼히 인종 차별은 피부색으로 차별 대우를 하는 것을 말합니다. 그런데 어떤 특정 인종이나 피부색이 다른 인종보다 선천적으로 우월하다고 생각하는 인종 차별도 있는데요, 이것을 '우월주의 인종 차별'이라고 합니다. 이를테면 백인이 흑인보다 우월하다고 생각하는 것은 '백인 우월주의'이고 흑인이 우월하다고 생각하는 것은 '흑인 우월주의'입니다. '우월하다는 생각도 차별인가?' 하는 의문이 든다면 다음 사례를 주목해 주세요.

사례1. 한국에서 오는 사람들은 모두 태권도 유단자이다.
사례2. 동양인들은 모두 수학을 잘한다.
사례3. 동양인들은 잘 늙지 않는다.

책을 보는 여러분은 위의 사례에 다 해당되나요? 저는 위의 사례에 모두 해당되지 않는 동양인입니다. 태권도는 배워 본 적이 없고 수학은 어릴 때부터 싫어했으며 한 해가 갈수록 어떻게 하면 덜 늙어 보일까 고민하는 중년 여성이지요. 우리는 상대방이 어떤 편견을 가지고 나를 대할 때 묘한 불편함을 느낍니다. 그 편견이 앞의 사례처럼 좋은 내용일지라도 그 내용이 나를 불편하게 한다면 그것은 차별에 해당됩니다.

'흑인 우월주의'도 마찬가지입니다. 혹시 여러분이 흑인에 대한 긍정적인 이미지가 있나요? 이를테면, 흑인은 피부가 좋다, 흑인은 체격이 좋다, 흑인은 운동 신경이 뛰어나다 등의 생각이 바로 긍정적인 편견일 수 있습니다. 그리고 이것을 '흑인 우월주의 인종 차별'이라고 합니다.

우리 사회에서 흑인을 친근하게 표현하는 말로 '흑형'이라는 말을 쓰기도 합니다. 그런데 이 말은 흑인 우월주의 인종 차별에 한 예가 됩니다. '흑형'은 '흑인 형'의 줄임말로, 흑인이 운동을 잘하고 음악 재능도 뛰어나다는 의미를 지니지요. 이 표현이 차별적인 이유는 반대로 생각하면 알 수 있어요. 우리는 황인종을 '황형', 백인종을 '백형'이라고 하지 않으니까요.

영화 〈겟 아웃〉에는 이런 우월주의 차별이 잘 드러나 있습니다. 남다른 미적 감각을 지닌 흑인 사진 작가 크리스가 바로 이 영화의 주인공입니다. 그의 애인은 백인 여성 로즈 아미티지입니다. 로즈는 크리스에게 부모님을 소개시켜 주기 위해 집으로 초대하지요.

로즈는 부모님은 인종주의자가 아니라고 안심시키지만 크리스는 그들의 집에서 위화감을 느낍니다. 그 느낌은 가사도우미로 일하는 흑인 여성 조지나와 집사인 흑인 남성 월터를 보면서 더 강해지지요. 인종주의자가 아닌 백인 가족이 가정부와 집사로 흑인을 고용하고

<ⵌ아웃> 포스터

있으니 같은 흑인인 크리스는 알 수 없는 불편한 감정을 느꼈던 것입니다.

로즈는 크리스에게 친인척들이 모두 모이는 행사가 있을 거라고 귀띔합니다. 파티에 참석한 친인척들은 대부분 백인들이었고, 친인척들은 크리스를 보고 "몸이 좋다." 혹은 "밤일 잘하게 생겼네." 같은 말을 아무렇지 않게 합니다. 이러한 말이 '흑인 우월주의 인종 차별'인데요, 우리는 흔히 칭찬이라고 내뱉는 말이 당사자가 듣기에는 차별 발언이 될 수 있음을 이 장면을 통해 알 수 있지요.

기분 나쁜 감정과 더불어 이상함을 느낀 크리스는 분위기를 참지 못하고 파티장을 빠져나옵니다. 그런데 크리스가 없는 동안 갑자기 파티장에서 친인척으로 소개되었던 백인들은 경매를 시작합니다. 놀랍게도 경매 대상은 크리스였습니다. 크리스의 몸을 차지하기 위한 경매를 연 것입니다. 이 장면은 영화에서 크리스를 칭찬하던 로즈의 가족들이 지닌 진실이 드러나는 섬뜩한 순간입니다. 크리스가 느낀 칭찬에 깔린 기묘한 위화감은 바로 크리스의 건강한 육체를 향한 사람들의 맹목적인 선망이었던 것이지요.

앞서 본 영화 〈노예 12년〉에서 흑인들을 일하는 기계와 같은 노예로 보았다면, 〈겟 아웃〉에서는 내가 꼭 가지고 싶은 신체를 지녀 부러운 나머지 수단과 방법을 가리지 않고 차지하기 위한 육체로만 봅니다. 두 영화에서 흑인을 다루는 방식에 공통점이 있다면 상대방을 '타자화'한다는 거예요.

타자화(他者化)란, 인간성을 가진 사람의 주체성을 지우고 상대방을 자신과 다른 존재로 바라보면서 도구처럼 여기는 것을 의미합니다. 미국의 소설가 토니 모리슨은 『타인의 기원』이라는 책에서 세상에 있는 모든 차별은 상대방을 타자화함으로써 시작된다고 주장했습니다. 그는 어린 시절 증조할머니에게 "섞였다."라는 말을 들었다고 합니다. 그 한마디가 자신이 다른 형제와 같지 않고 타자화된 존재임을 최초로 인식한 기억이라고 말했습니다. 주인의 말을 잘 듣는 노예든, 뛰어난 신체를 가진 존재든, 흑인들은 백인들에게 타자화되는 대상입니다. 다시 말해, 주체적인 사람이 아니라 그저 사고팔 수 있는 수동적인 존재이지요.

영화의 진실은 점점 끔찍해집니다. 로즈의 가족은 흑인들을 불러들여 그들의 신체를 원하는 백인의 뇌를 이식시키는 범죄를 저지르는 집단이었던 것이지요. 영화의 제목 〈겟 아웃〉은 이렇게 붙들린 크리스가 로즈의 집을 탈출하는 이야기에서 지어졌다고 합니다. 흑인의 육신 안에 백인의 뇌를 이식시켜 겉은 흑인이지만 안은 백인의 주체성을 가지고 산다는 끔찍한 이야기가 이 영화의 골자입니다. 겉으로 해결된 것 같아 보이는 인종 차별이 실제로는 교묘하게 작용하고 있는 현실에 대한 이야기이기도 하지요.

로즈의 할머니는
왜 웃으면서도 울었을까요?

영화의 초반부에 가사도우미로 일하는 흑인 여성과 집사인 흑인 남성을 보며 묘한 동질감과 불편함을 동시에 느끼는 크리스의 모습을 기억하시나요?

크리스는 잠시 산책을 하러 나왔을 때 우연히 흑인 집사가 달밤에 미친 듯이 달리는 모습과 가사도우미가 오밤중에 거울을 한참 들여다보는 모습을 목격합니다. 영화 후반부가 되면 우리는 이들이 실은 로즈의 할아버지, 할머니임을 짐작할 수 있습니다. 죽기 전에 그들은 신체 조건이 우월한 흑인들로 골라 자신의 뇌를 이식한 것이지요. 생전 육상 선수였던 로즈의 할아버지는 베를린 올림픽에서 흑인 선수에게 지고, 패배감과 함께 동경하는 마음을 품었고, 그런 이유로 흑인의 몸을 선택했으리라고 예상됩니다.

그렇다면 할머니는 왜 흑인 여성을 선택했을까요? 영화에서는 흑인 가사도우미가 거울로 자신의 얼굴을 자세히 들여다보는데, 여기서 할머니가 외적인 것에 굉장히 관심이 많은 인물임을 추측할 수 있어요. 흔히 흑인을 향한 편견 중 하나가 '흑인의 피부는 좋다', '흑인은 잘 늙지 않는다'입니다. 할머니는 늙어 버린 외모 대신 잘 늙지 않는 흑인의 몸을 선택했음을 유추할 수 있습니다.

또 크리스와 가사도우미 간에 오해가 생겨 크리스가 가사도우미의 잘못을 로즈 가족에게 고자질하지 않겠다고 타이르는 장면이 나옵니다. 이때 가사도우미는 크리스에게 당당하게 말합니다.

"저는 어떤 가족에게도 변명할 필요가 없어요."

이 말은 곧 '나는 잘못한 게 있어도 가족이기 때문에 변명할 필요가 없다'로 해석할 수 있습니다. 겉은 흑인 가사도우미이지만 속은 백인 여성이자 로즈의 할머니이니까요. 그런데 이 사실을 모르는 크리스는 이렇게 말합니다.

"이해합니다. 주변에 백인이 많으면 불안한 감정이 든다는 것을요."

크리스의 이 말은 할머니를 불안하게 합니다. 자신은 백인이고 자신이 원해서 늙지 않는 흑인의 신체를 가졌지만, 결코 진짜 백인들과 같을 수 없는 처지임을 깨달은 것이지요. 곧 가사도우미는 울면서 웃는 해괴한 표정을 짓습니다. 그 모습은 묘한 감정을 느끼게 합니다. '나는 늙지 않는 몸을 가졌어.' 하는 자만심과 함께 '내 피부가 가족들과 달라서 혹시 예전처럼 어울릴 수 없는 건가?' 하는 불안함이 동시에 느껴지기 때문입니다.

생각해 보면 로즈의 어머니와 아버지는 그들을 약간 하대하는 모습을 자주 보였습니다. 이것은 백인의 뇌를 가지고 흑인의 신체를 가진 그들의 정체성 혼란을 보여 주면서 동시에 사람들이 차별하는 이유가 단순히 껍데기 때문이지 않느냐는 질문을 던집니다. 로즈의 할머니도 크리스의 말에서 이러한 지점을 느낀 것임에 틀림없습니다. 그래서 웃을 수도 울 수도 없는 노릇이었던 것이지요.

{ 여전히 진행 중인 우리 곁의 인종주의 }

1991년 3월 3일 미국 로스앤젤레스에서 경찰이 정지하라고 명령 했음에도 25세 흑인 남성(로드니 킹)이 도주하다 적발됩니다. 당시 흑인 남성을 쫓은 경찰은 백인 남성 네 명이었습니다. 이들은 흑인 남성을 체포하는 과정에서 명령에 따르지 않았다는 이유로 무차별 적인 폭행을 저지릅니다. 이 장면은 우연히 지나가던 주민이 카메라 로 담아서 방송국에 제보해 대대적으로 알려졌습니다.

보도에 따르면 피해자 로드니 킹은 경찰 곤봉으로 56대 가량 구 타당했습니다. 경찰의 지시를 따르지 않은 것은 잘못이나 그로 인해 50대 이상을 구타하는 것은 말도 안 되는 과한 처사입니다. 이로 인 해 킹은 광대뼈가 함몰되었고 청력이 손상되는 부상을 입었습니다.

그로부터 1년 뒤 킹을 폭행한 경찰들이 재판을 받았습니다. 재판 에 참석하는 배심원들이 모두 백인이었고 경찰들이 무죄 판결을 받 으면서 이 사건은 흑인 사회의 분노를 일으킵니다. 여기서 배심원이 란 재판에서 피고인의 무죄와 유죄를 결정하는 역할을 맡은 사람이 며, 일반 시민으로 구성됩니다. 이들이 전부 백인이었다는 점은 배심 원들이 이 문제를 흑인 인종 차별 문제로 이해하기 힘든 입장이라 무 죄를 선고했다고 볼 수 있게 합니다. 이 재판으로 흑인들은 분노했 고, 로스앤젤레스 지역을 시작으로 폭동이 일어납니다. 이른바 '로드 니 킹' 사건입니다.

조지 플로이드가 사망하고 그를
추모하는 사람들
저작권자 ⓒ Vasanth Rajkumar
https://commons.wikimedia.
org/wiki/File:George_Floyd_
Tributes_Outside_Cup_Foods_
Minneapolis.jpg

마틴 루터 킹이 암살된 이후로, 이렇게 큰 흑인 사회의 폭동은 없었습니다. 당시 미국의 대통령인 조지 H.W 부시는 폭동을 진압하기 위해 군대와 경찰을 동원했습니다. 이 사건으로 공식 집계된 사망자는 58명, 부상자 2,383명, 체포된 사람은 13,779명으로 기록됐습니다.

1991년이 너무 예전이라고 한다면 지금은 달라졌을까요? 안타깝게도 최근에 비슷한 일이 일어났습니다. 가장 유명한 사건은 2020년 일어난 조지 플로이드 사망 사건입니다. 이 일은 2020년 5월 미니애폴리스 경찰이 흑인 조지 플로이드를 체포하는 과정에서 7분이 넘게 목을 눌러 플로이드를 사망하게 한 사건입니다.

이 사건은 미국 전 지역을 비롯해 전 세계에서 시위가 일어나는 계기가 되었습니다. 당시 코로나19로 힘들게 살던 흑인들은 그렇지 않아도 먹고 살기 힘든 상황에서 조지 플로이드 사건까지 일어나자 더는 참을 수 없었던 것입니다. 이 시위는 미국 사회를 좀먹고 있던 인종 차별과 이로 인한 빈부 격차 등 복합적인 원인으로 일어났다고 볼 수 있습니다.

영화 〈겟 아웃〉은 인종 차별의 다양한 층위를 생각해 보게 하는 영화입니다. 우리나라는 미국보다 피부색으로 인한 차별은 두드러지지 않지만 이주 외국인이나 난민을 향한 차별은 점점 심해지고 있어요. 이 영화를 통해 다른 인종에 대한 우리가 가진 편견과 태도는 무엇이 있는지 한번 되돌아보면 어떨까요?

함께 토론해 보아요!

◆ 우리 주변에 있는 인종주의에 대해 알아보고 그 원인은 무엇인지 찾아봅시다.

이게 정말 실습인가요?
착취인가요?

다음 소희

저는 여러분 같은 청소년들을 만나며 앞으로 어떻게 취업을 하고 어떤 진로를 선택하며 살아갈지를 컨설팅하고 강연하는 것으로 강사 생활을 시작했답니다. 그때 만난 학생들은 성인이 되어 종종 연락을 해오기도 해요. 많은 학생들을 만났지만 취업과 진로에 대해 가장 많은 궁금증을 가진 이들은 이 영화 〈다음 소희〉에 나오는 학생들과 같은 특성화 고등학교 학생들이었어요.

이 영화를 보며 저는 그동안 만난 학생들의 모습도 떠올랐고, 부당한 대우를 받아 괴로워하며 상담을 요청했던 친구들의 얼굴도 생각났습니다. 그런 이유로 저는 이 영화가 개봉했을 때 바로 보지 못했습니다. 실화를 바탕으로 만든 영화라 너무 마음이 아플 것 같아서 피한 것이지요. 어쩌면 당연하게 알아야 할 사실을 괴롭다며 외면한 것일지도 모릅니다. 시간이 흐르고 영화를 본 뒤 이 영화는 현실이라고 생각했습니다. 그래서 이 영화를 소희와 비슷한 또래인 여러분에게도 꼭 소개하고 싶습니다.

2023년 개봉한 이 영화는 '청소년 노동'과 관련된 실제 사건을 모티브로 만들었어요. 한국 영화가 주춤하던 무렵임에도 독립 영화로서는 이례적으로 10만 관객을 돌파했습니다. 노동권에 관심이 많은 나라인 프랑스에서는 9만 명의 관객을 모을 정도로 흥행했습니다. 영화에서 소희에게 대체 어떤 일이 있었는지 같이 들여다볼게요.

아빠, 나 콜 수 못 채웠어

특성화 고등학교 애완동물학과에 재학 중인 소희(김시은 분)는 춤추는 것을 좋아하는 평범한 학생입니다. 친구가 당하는 부당함을 참지 않고 큰 소리를 낼 당당함도 가졌지요. 소희는 이제 2학년이 되어 취업 준비를 해야 합니다.

담임 선생님은 "드디어 대기업"이라며 애완동물학과와는 전혀 관계없는 콜센터를 소희에게 추천합니다. 선생님은 하청업체지만 본사가 운영하므로 대기업 입사와 다름없다며 계약서에 사인을 하라고 독려합니다. 콜센터이지만 대기업이고 사무직이라는 선생님의 말을 믿고 소희는 다음 날 바로 출근합니다.

소희를 포함한 실습 학생 세 명이 일할 곳은 '해지 방어' 팀입니다. 통신사 고객이 해지하려는 걸 막는 팀으로, 콜센터 업무 중 가장 강도가 높은 일이지요. 여러분이 통신사를 해지하려고 고객 센터로 전화했다고 가정해 볼게요. 그런데 그 고객 센터의 상담원이 해지하지 말고 계속 통신사를 이용해 달라고 한다면 어떨 것 같나요? 난감하기도 하고 내가 하려는 걸 자꾸 막으니 기분이 나쁘기도 하겠지요. 대다수가 기분 좋게 대화하기 어려울 것입니다. 이런 이유로 해지 방어가 콜센터 업무 중에서도 가장 힘들다고 합니다. 그래서인지 소희가 가장 처음 받은 전화의 고객도 화가 나 있었어요.

알고 보니 이곳에서 근무하는 직원들은 대부분 실습생이었습니다. 힘든 업무인 만큼 그만두는 사람이 많은데, 그럴 때 대체 인력을 다른 실습생으로 쓰기 쉽기 때문이지요. 힘든 상황임에도 소희는 최선을 다합니다. 그러나 결국 그만둘까 고민하는 소희에게 담임 선생님은 사회생활은 원래 힘들다고 참으라는 말만 되풀이합니다. 다른 친구가 사흘 만에 추천한 회사를 그만둬서 자신이 곤란해졌다면서 너는 버텨야 한다는 선생님의 말에 소희는 일을 그만두지도 못합니다.

소희는 시도 때도 없이 실적을 내라는 압박을 받습니다. 동료들은 매일 같이 심한 욕과 성희롱을 당하며 상처를 받습니다. 소희처럼 업무 스트레스와 실적 압박을 견디지 못한 팀장은 스스로 목숨을 끊는 선택을 합니다. 그런데 본사는 이 일을 덮기에만 급급했고 추모와 애도의 시간도 없이 바로 다음 팀장이 와서 콜센터의 분위기는 더욱 엄격해지기만 했습니다.

힘든 일을 참아가며 콜 수를 채운 소희는 자신이 실습생이기 때문에 인센티브를 받지 못한다는 부당함을 알게 됩니다. 또 받을 돈이 있어도 실습생들은 자주 그만두기 때문에 인센티브는 한두 달 뒤에 지급된다는 이야기도 전해 듣습니다. 소희는 더 열심히 일합니다. 인센티브를 받기 위해서요. 그런 소희에게 새로 부임한 팀장은 갖가지 이유를 대며 인센티브를 주지 않고, 오히려 모욕만 줍니다.

결국 화가 난 소희는 팀장에게 대들다 사흘간 업무 정지를 당하고 그 삼일 동안 부모님, 친구들, 선생님과 만나 답답한 심정을 이야기합니다. 하지만 하나같이 일을 계속하라는 말만 할 뿐입니다. 소희는 더 이상 희망이 없음에 절망합니다.

영화에서 소희는 퇴근 안 하냐는 아버지에게 '아빠 나 콜수 못 채웠어.'라는 메시지를 보내는데요, 이 메시지는 실제 사건의 주인공인 A양과 아버지가 실제로 주고받았던 내용이라고 합니다. A양은 콜 수를 채우지 못해서 야근이 잦았고 자신의 실수로 해지 방어를 제대로 하지 못했을 경우에는 자신의 녹취록을 다시 듣고 받아 써야 했다고 합니다.

그저 열심히 일했을 뿐이고 일한 노동만큼의 값을 정당하게 지불받기를 원했을 뿐인데, 소희는 '실습생'이라는 이유로 둘 다 받지 못했습니다. 어린 청소년이 당하는 부당함은 과연 누가 책임을 져야 할까요? 흔히 말하듯이 마음이 약해 사회생활을 제대로 못 하는 실습생 소희의 책임일까요?

콜센터 상담사는 기계가 아닙니다

소희는 감정 노동자로 불리는 콜센터 업무를 맡았습니다. 감정 노동자란 고객(시민) 응대 등 업무를 하는 과정에서 자신의 감정을 절제하고 실제 느끼는 감정과는 다른 특정 감정을 표현하도록 요구되는 노동을 말합니다. 서비스직, 민원 업무를 처리하는 공공 기관, 요양이나 돌봄과 관련된 일을 하는 이들도 감정 노동자들입니다.

그중 콜센터 업무는 직접 얼굴을 맞대고 하는 일이 아니다 보니 전화하는 사람이 더 거칠게 말하는 경향이 큽니다. 성희롱과 언어폭력이 일어나는 경우도 많은데 그런 악성 민원을 듣고 나서 바로 다음 콜을 받아야 하니 감정이 무척 혹사당하지요. 게다가 실적 압박에 시달리다 보니 콜센터 직원들은 화장실에 갈 여유조차 없다고 합니다.

국가인권위원회는 2021년 '콜센터 노동자 인권상황 실태조사'를 실시했습니다. 조사 결과, 콜센터 상담 노동자는 점점 센 업무 강도와 전문성을 요구받지만 임금이 높지 않다고 나왔습니다. 게다가 휴게 공간도 사용하기 어려운데, 그중 특히 화장실 사용이 자유롭지 않다는 점을 지적했습니다. 또한 조사 대상인 콜센터 상담 노동자 중 48%가 자살을 생각해 본 적이 있고, 이 중 응답일 기준 1년 이내 자살을 생각한 적이 있다는 응답자가 30%에 달했습니다. 자살을 생각한 가장 큰 이유는 경제적 어려움(55.6%)과 직장 내 문제(53.4%)로 나타났습니다. 이 자료는 콜센터 상담사 직원이 정신적, 경제적으로

얼마나 큰 어려움을 겪는지를 보여 줍니다.

그뿐만이 아닙니다. 콜센터 상담원들은 통화 품질을 관리한다는 명목으로 통화 내용을 모니터링당합니다. 이것이 인권 침해라는 비판이 있습니다. 누군가 내 말투와 화법을 실시간으로 감시하고 그 자리에서 피드백을 한다면 여러분의 감정은 어떨까요? 실제 콜센터 상담 직원들은 이러한 실시간 모니터링이 심각한 스트레스라고 토로합니다. 소비자와 상담 직원을 보호하기 위해 녹음을 할 수 있을지는 몰라도 실시간으로 직원을 감청하는 것은 명백히 잘못입니다. 하지만 여전히 현장에서는 나아지지 않고 있지요.

이런 어려움 속에 조금씩 나아지는 점도 있습니다. 고객 센터에 전화할 때 '이 전화를 받는 사람은 누군가의 소중한 자녀입니다'와 같은 안내 멘트를 들어 보신 적 있나요? 바로 콜센터 통화 연결음입니다. 2019년 콜센터 통화 연결음이 생기면서 악성 민원이 54%정도 줄었다는 기사를 본 적 있습니다. 쉽지 않은 문제도 약간의 변화만으로 해결해 나갈 수 있음을 보여 준 좋은 사례입니다. 우리가 관심을 가지고 목소리를 낸다면 감정 노동자의 인권을 지킬 수 있지 않을까요?

숫자로 평가받는 현장 실습생의 사각지대

영화 〈다음 소희〉의 후반부는 형사 오유진이 나와 현장 실습생을 둘러싼 어마어마한 시스템의 문제점을 파헤칩니다. 영화는 이를 통해 실제 현장 실습생이 처한 현실을 보여 주고, 이 문제들이 학생이 적응하지 못하고, 일을 잘 못해서 벌어지는 것이 아님을 알려 줍니다.

오유진은 소희가 다니는 콜센터를 조사하면서 현장 실습생들이 인센티브나 월급을 제대로 받은 적이 없다는 점, 야근이 잦았다는 점, 실적 압박에 시달린 부분을 알아냅니다. 게다가 현장 실습생의 계약서 역시 이중으로 작성되어 근로 기준법에 위배되는 상황이었지요. 그런데 회사는 오히려 적반하장입니다. 회사 측은 모든 것이 규정에 맞춰 진행되었고, 현장 실습생은 노동자가 아니라 실습생이니 학교에서 관리 감독을 해야 한다며, 오히려 문제 많은 학생들로 인해 자신들이 더 손해를 보았다고 주장합니다.

회사 다음으로 유진은 소희의 학교에 찾아가지만 모두 책임을 회피했고 취업률을 위해서 어쩔 수 없는 선택이었다는 변명만 듣게 됩니다. 교육청도 마찬가지였습니다. 교육청 직원은 교육청 역시 취업

률로 평가받는 하나의 기관일 뿐이라고 이야기합니다. 취업률이 줄어들면 인센티브를 받지 못하고 그렇게 되면 지역 내 학교들이 문을 닫아야 한다며 변명하지요. 회사, 학교, 교육청 모두 학생들의 책임에 대해 변명만 늘어놓습니다.

영화에 나온 유진의 수사 과정은 구조적으로 노동자와 학생이라는 사각지대에 놓인 현장 실습생의 처지를 알려 줍니다. 그 사각지대에서 인권이 침해되어도 이를 무시한 채 숫자로만 평가되는 현실이 드러납니다. 시스템의 모순을 개선하려고 해도 일부의 노력으로는 절대 바뀌지 않습니다. 학교도, 회사도, 교육청도 보호해 주지 않은 소희와 같은 현장 실습생은 도대체 누구의 보호를 받아야 할까요?

우리가 인식하지 못한 세상의 소희들

영화 속에는 소희뿐만 아니라 또 다른 현장 실습과 노동에 시달리는 청소년들이 등장합니다. 우리가 알아차리지 못했던 다른 소희들이지요. 태준은 소희와 함께 춤을 추는 친구입니다. 그런데 태준이 공장에서 함께 일하는 동료들로부터 괴롭힘을 당합니다. 결국 태준은 현장 실습을 그만두고 택배사에 취업하지요. 태준은 자신이 더 참았어야 했다고 후회합니다. 이 장면에서 저는 어른으로서 마음이 아프고 미안한 감정을 느꼈어요. 잘못한 게 하나도 없는 태준인데 자신이 참았어야 했다고 후회를 하고 있으니까요.

학교 밖 청소년이며 소희의 베스트 프랜드 준희는 어떤가요? 준희는 소희처럼 현장 실습을 나갈 수 있는 학생이 아니다 보니 인터넷 방송을 하면서 돈을 벌어요. 그런 준희는 어른들에게 이유 없이 편하게 돈 번다는 소리를 듣는가 하면 먹방 도중 악플 세례를 받습니다.

유진이 만난 소희의 전 동료 학생은 회사에 지쳐 콜센터를 그만두고 주차 관리 요원으로 이직합니다. 커피를 마시는 그의 손은 겨울에 밖에서 일해서 꽁꽁 얼어 빨갛습니다. 그 학생은 자신은 고3이라서 '빨간 명찰'을 달 필요가 없어서 콜센터를 그만둘 수 있었다고 합니다. '빨간 명찰'이 뭐냐고 유진이 묻자 취업에 실패해 학교로 돌아간 친구들이라고 답합니다. 빨간 명찰을 단 친구들은 화장실 청소를 하거나 잡일을 하는 차별 대우를 받는다는 사실에 유진은 경악합니다.

직장 내 괴롭힘, 이유 없는 악플, 취업 실패로 인한 차별 대우 이 모든 것들은 놀랍게도 우리 주변에서 실제로 일어나는 일들입니다.

영화의 모티브가 된 전주 콜센터 사망 사건은 2017년에 일어났습니다. 이 일뿐만이 아닙니다. 2021년 여수에서도 비슷한 사건이 있었습니다. 요트 업체로 현장 실습을 나간 한 학생은 잠수 자격증이 없었는데도 요트 바닥에 붙은 조개와 해조류를 제거하라는 지시를 받았습니다. 학생은 작업하다가 잠시 수면 위에 올라와 장비 교체를 하는 도중에 허리에 매달린 벨트를 풀지 못해 사망하고 말았습니다.

이 밖에도 현장 실습생이 파견된 음료 공장, 화훼 농장 등등 노동 현장에는 우리가 알지 못하는 수많은 소희들이 있습니다. 2016년부터 2021년까지 무려 58명의 학생들이 현장 실습을 나가서 다치거나 숨진 것으로 기록됩니다. 이들은 학생일까요? 노동자일까요? 우리는 소희처럼 누구도 책임지지 않는 영역에 내던져진 청소년들의 문제에 이제라도 반드시 주목해야 합니다.

영화가 가진 힘은 무척 셉니다. 2023년 2월 영화 〈다음 소희〉가 첫 공개된 지 한 달이 지난 3월 무렵 '직업교육훈련 촉진법' 법안이 3월 30일 국회를 통과했습니다. 일명 '다음 소희 방지법'으로 알려진 이 법은 근로 기준법 가운데 강제근로 금지(제7조), 직장 내 괴롭힘 금지(제76조의 2) 조항 등을 현장 실습생에게도 적용하는 법입니다. 이 법안이 본 회의를 통과한 이후 앞으로 실습생에게 강제로 일을 시키거나 폭행·협박·감금한 사용자를 5년 이하의 징역 또는 5천만 원 이하의 벌금형에 처할 수 있습니다.

법안이 발의된 것은 무척 환영할 만한 일이지만 여전히 청소년 현장 실습생의 인권은 열악합니다. 우리 모두의 책임인 현장 실습생 문제를 살펴보고 더 많은 관심과 보호를 기울여야 할 것입니다.

함께 토론해 보아요!

♦ 현장 실습생의 취지인 현장 교육이 올바르게 진행되기 위해 학생들은 어떤 현장에 파견되어야 할까요? 학생들을 보호하기 위한 장치로는 무엇이 필요할까요?

이주 노동자는
잠재적 범죄자 아닌가요?

토리와 로키타

　전 세계가 수많은 교류를 하면서 우리나라에도 점점 이주 노동자, 난민이 늘고 있습니다. 그런데 정작 우리는 이에 대해 제대로 된 정보를 알지 못합니다. 이것은 앞으로의 사회에 잠재된 갈등이 될 수 있습니다. 이를 잘 이해하기 위해서 우리는 이들의 상황과 삶을 반드시 제대로 알아야 합니다.

　2023년 전주 국제 영화제의 개막작 〈토리와 로키타〉는 그런 측면에서 추천하고 싶은 영화입니다. 저는 이 작품을 직접 영화제에서 감상했는데요, 시종일관 불안하고 조마조마한 난민의 삶을 여실히 볼 수 있었습니다. 영화는 난민이나 이주 노동자들이 왜 평범한 일상을 살 수 없는지, 왜 항상 위험에 노출되는지를 건조하게 다룹니다.

영화의 주인공은 '토리' 그리고 '로키타'입니다. 이야기는 로키타
의 인터뷰로 시작됩니다. 질문하는 사람은 이민국 직원입니다. 로키
타는 체류증을 발급받기 위해 인터뷰를 하고 있지요. 화면은 이민국
직원의 목소리만 들리고, 로키타의 두려워하는 표정만 비출 뿐입니
다. 토리와 로키타는 둘 다 흑인에, 난민이면서, 어린이입니다. 사회
의 약자로 꼽히는 세 가지 조건이 다 있는 거지요. 토리는 운이 좋게
체류증을 받았지만, 로키타는 아직 받지 못했습니다.

로키타는 질문에 성실히 대답합니다. 직원은 로키타가 벨기에로
입국할 때 이민국 심사에서 대답했던 말이 거짓인지 진실인지 묻는
것처럼 보입니다. 로키타가 다닌 학교의 전경은 어땠는지 교장은 여
자였는지 남자였는지 꼬치꼬치 묻
자, 로키타의 눈빛이 점점 흔들립니
다. 태어나자마자 헤어진 '토리'와
어떻게 재회했는지를 묻자 로키타
는 보자마자 동생임을 직감으로 알
았다고 대답하며 거짓말이 들통날
까 두려워 눈물을 흘립니다.

로키타와 토리는 남매라고 하지
만 사실 피 한 방울 섞이지 않은 사

🔴 토리와 로키타 포스터

이입니다. 토리와 로키타는 유럽으로 밀입국하는 배에서 처음 만나 서로 의지하며 친남매 같은 사이로 성장했습니다. 둘은 보호소에서 지내지만 생활비가 턱없이 부족해 불법으로 아르바이트를 합니다. 식당에서 서빙을 하거나 노래를 부르는 평범한 일처럼 보이지만, 사실 백인 사장이 시키는 심부름으로 마약을 운반합니다. 사장은 심지어 로키타에게 퇴근 후 50유로를 더 준다고 성노동을 강요합니다.

그들이 이렇게 사는 이유는 자본주의 사회에서 이들이 살아갈 길이 그것뿐이기 때문입니다. 그렇게라도 일해야만 돈을 벌 수 있기 때문이지요. 불법적인 일을 하며 돈을 버는 토리와 로키타의 삶은 마치 길을 건널 때마다 경적을 울리며 달려오는 차에 치일 것만 같은 토리의 모습을 보듯 불안하게만 느껴집니다. 언제 걸려 쫓겨날까 조마조마한 마음이랄까요.

토리와 로키타를 괴롭히는 사람들은 사장뿐만이 아닙니다. 그들을 밀입국시켜 준 '브로커'도 끊임없이 괴롭히며 돈을 갈취합니다. 아이러니하게도 그들은 교회 커뮤니티에 속한 사람들입니다. 소수자와 약자를 지키는 종교 역시 '돈'의 논리 앞에서 허울만 남을 뿐입니다. 브로커들은 토리와 로키타처럼 흑인인데요, 그들 역시 토리와 로키타와 같은 어린 시절을 보내지 않았을까 추측할 수 있습니다.

로키타는 고향의 가족을 책임지는 장녀입니다. 매달 집으로 번 돈을 송금하지요. 체류증을 받아야 돈도 벌 수 있고 토리와 이곳에 법적인 남매로 남을 수 있으니 시간이 날 때마다 이민 심사 답변을 연습합니다. 그러나 끝내 심사에 통과하지 못한 로키타는 좌절합니다.

벨기에를 떠날 수 없는 로키타는 가짜 체류증이라도 구해야 합니다. 로키타는 이를 위해 점점 불법적이고 위험한 일을 하게 됩니다.

이 영화를 보면 로키타가 불법적인 일을 하는 것에 대해 비난할 수도 있습니다. 경제적으로 어렵다고 해서 불법을 저지르는 것이 정당화될 수는 없으니까요. 이런 일들이 실제로도 있어 '이주민은 잠재적 범죄자일 것이다'라는 편견도 생겨난 것이지요. 도덕적으로 옳지 않은 행동을 한 것은 잘못이지만, 로키타와 같은 이들이 '왜' 그런 선택을 한 것인지 들여다보는 것도 필요합니다. 개인의 도덕성으로만 판단하기에는 사회에 더 거대하고도 구조적인 늪이 있기 때문입니다.

앞서 영화 〈레미제라블〉에서 장발장이 굶주린 조카를 위해 빵을 훔치는 생계형 범죄를 저지른 것을 보았습니다. 장발장은 난민도, 유색 인종도 아니고 성인이었음에도 가혹한 시대와 사회로 인해 법의 경계선을 넘어설 수밖에 없었어요. 하물며 흑인이자 난민, 어린이라는 삼중고를 겪는 사회적 약자로서 이국의 땅에서 살아가는 로키타에게 과연 선택이라는 게 가능하긴 할까요? 영화를 보며 로키타의 불법을 비난하는 만큼, 이들에게 불법의 삶을 강요하는 사회에 대해 생각해 보아도 좋을 듯합니다.

우리 곁의 이주자들

영화 〈토리와 로키타〉에서 벌어지는 일들은 우리나라에 거의 없다고 생각하는 이들도 있을 거예요. 토리와 로키타는 유럽으로 이주한 난민에 흑인이고, 대마를 키우는 불법적인 일을 하기 때문에 우리나라에 있을 법한 이주민이라고 상상하기는 힘들지요. 하지만 우리 사회에도 다양한 방식과 이유로 많은 이주자들이 함께 살아가고 있습니다.

우리나라에 거주하는 이주자들이 많아지는 이유는 무엇일까요? 가장 큰 이유로는 출산율이 떨어지면서 부족해진 인구와 노동력 때문입니다. 다양한 나라와의 교류로 외국인과 결혼하는 국제결혼도 늘고 있고, 내국인에게 인기가 덜한 분야에 취업을 하는 이주민들도 흔하게 볼 수 있습니다. 그들이 없다면 우리나라의 인구 부족 현상은 더욱 심해질 것입니다. 그러므로 미래에는 더 많은 이주자들과 함께 살아갈 것으로 예상됩니다.

그렇다면 토리와 로키타와 같은 난민은 어떨까요? 우리나라는 1992년에 난민 협약에 가입했고, 2013년 아시아 최초로 난민법을 시행했습니다. 법무부의 통계에 따르면 1994년부터 2022년까지 총 1338명이 난민으로 인정되었고, 2485명이 인도적 체류 허가를 받았습니다. 인도적 체류 허가란 난민으로 허가받지는 못했지만 출신국으로 되돌아갈 경우에 위험하다고 판단되어 1년가량 우리나라에 머물도록 허가해 주는 것입니다.

난민이 되는 이유도 여러 가지입니다. 난민이란 인종이나 종교, 정치적인 의견 등을 이유로 박해받을 위험이 있어 나라를 떠난 사람들을 말합니다. 토리와 로키타는 기근 때문에 표류하는 아프리카 출신

난민들입니다. 이 밖에도 전쟁이나 분쟁은 난민이 생기는 가장 큰 이유예요. 2022년 일어난 우크라이나-러시아 전쟁으로 800만 명에 달하는 난민들이 피난을 떠났지요. 또한 소수 민족의 차별과 종교 박해, 최근에는 기후 위기도 난민이 생기는 이유입니다.

이런 현실에서 우리는 이주민들을 어떻게 받아들이고 있을까요? 2018년 영국 BBC 방송이 발표한 설문 조사 '글로벌서베이: 분열된 세상'에 따르면 한국인들은 우리 사회의 관용도를 가늠하는 한 항목에서 27개국 중 26위를 차지했어요. 그만큼 이주자에 대한 포용성이 적다는 것을 알 수 있습니다. 5년이 지난 지금은 얼마나 나아졌을까요? 안타깝게도 여성가족부의 조사에 따르면 그 사이에 우리는 코로나19라는 큰 위기를 겪었고, 다른 이주민을 포용하는 다문화 수용성은 더 낮아졌다는 결과가 나왔습니다.

우리나라가 다문화 수용성이 낮은 이유는 무엇일까요? 다양한 인종과 문화가 함께 있는 미국, 캐나다, 호주의 경우 이주민들과 섞여 살아온 역사가 20세기 초부터 시작되었습니다. 하지만 우리나라의 경우 이 나라들에 비하면 이주민이 많아진 것이 비교적 최근 일입니다. 경험한 시간이 다르니 수용성과 관용도도 다를 수밖에 없지요. 하지만 시간이 갈수록 우리 역시 다문화 선진국들처럼 이주민과 함께하기 위한 다양한 정책이 생겨나고 이들의 인권 문제가 수면 위로 떠오를 것입니다. 그렇기 때문에 우리는 이주자 인권에 관심을 가져야 합니다.

외국인 노동자 대신 이주 노동자, 불법 체류자 대신 미등록 외국인

'외노자'라는 말을 들어 보셨나요? 이는 외국인 노동자라는 말의 줄임말로, 우리가 무심코 쓰는 차별하는 표현 중 하나입니다. 외국인이기 때문에 외국인 노동자라고 부르는 것이 뭐가 잘못됐냐고요? '외국인'이라는 단어는 나라 안에서 누가 외국인이고 누가 내국인이냐를 구분하는 용어입니다. 요즘은 다양한 이유로 이주하는 외국인이 많이 있고, 그들 중에는 대한민국 국적을 취득하고 내국인으로 살아가는 사람도 많습니다. 단순히 외국인, 내국인을 구분하기보다는 좀 더 넓은 관점에서 국가 간 이주하는 사람들의 사회 현상을 반영해 '이주 노동자'라고 표현하는 것이 좋습니다.

비슷한 의미로 '불법 체류자'라는 말이 있어요. 이들을 올바르게 표현하는 말은 '미등록 이주 노동자'입니다. 자기 나라에 국적이 있는 사람이 다른 나라에서 비자(외국인에 대한 출입국 허가 증명) 없이 살아간다면 미등록 이주 노동자가 됩니다. 소위 말하는 '불법 체류자'가 차별적인 말인 이유는 그들의 비자가 등록되지 않았다고 해서 모두 불법은 아니기 때문입니다.

인권에서는 사용하는 단어가 무척 중요한데요, 소수자가 아닌 다수가 사용하는 단어는 편견을 더 강하게 만들기 때문입니다. 여러분도 자신도 모르게 외국인 노동자나 불법 체류자라고 말한 적이 없는지 돌이켜보고, 대체하는 말로 바꾸어 사용해 보세요. 그러한 행동만으로도 인권을 지키고 인권 의식을 높이는 데 큰 도움이 될 것입니다.

﹛ 난민이나 이주 노동자도 권리가 있나요? ﹜

우리나라에 온 이주민들 중에는 일부 국적을 취득하고 귀화한 사람도 있고, 토리와 로키타처럼 난민인 경우도 있습니다. 또 단순히 일을 하기 위해 온 이주 노동자도 있습니다. 국적을 취득하지 않은 미등록 이주민이나 이주 노동자, 혹은 난민의 경우 그들의 권리까지 우리가 신경 써야 하냐고 반문할 수도 있습니다.

한 예로, 이주 노동자에게는 임금의 최저액을 보장하는 '최저 임금 제도'를 적용하지 말자는 주장도 있습니다. 이주 노동자에게 최저 임금 제도를 적용할 경우 인건비가 커서 회사가 성장하지 못한다는 것이 주장의 이유입니다. 또 이들이 우리나라에서 받는 최저 임금이 고국에서는 의식주를 충분히 해결할 만큼 큰돈이라는 이유도 있었고요. 이에 대해 고용 노동부는 이주민에게 최저 임금을 적용하지 않는 것은 '국제 협약'에 어긋나는 행위라고 선을 그었습니다.

이 문제는 단순히 경영주의 입장만이 아니라 장기적인 관점으로 바라봐야 합니다. 이주 노동자의 임금을 적게 책정할 경우, 회사를 경영하는 사람은 당연히 내국인보다 임금이 싼 이주 노동자를 고용하려 하겠지요? 그런 현상이 지속되면 내국인의 일자리가 결과적으로 점점 없어지게 됩니다. 단순히 눈앞의 이익만 보고 판단할 문제가 아니라는 것이지요.

저는 20대 초반에 호주로 워킹 홀리데이를 떠났었는데요, 워킹홀리데이란 젊은 청년에게 일할 수 있는 비자를 발급하여 그 나라에서 1년가량 머물며 일하는 경험을 쌓게 하는 제도를 말합니다. 당시 쇼핑센터에서 판매직으로 10개월가량 일하며 우리나라 이주 노동자가 받는 차별이 어떤 것인지 느낄 수 있었어요. 동양인 여성이어서 걸핏하면 차별을 당했거든요. 게다가 저처럼 온 젊은 청년이 아주 많은 시기였기에 내국인 노동자와 동일한 임금을 받지도 못했습니다. 지금은 시간이 많이 흘러 상황이 나아졌겠지만, 그런 일이 지속되었다면 우리나라 사람들이 그곳으로 워킹 홀리데이를 가고 싶어 했을까요?

한국이라고 다르지 않습니다. 이주 노동자라고 해서 내국인 노동자와 다르게 대우한다면 노동력이 부족한 우리나라에 꼭 필요한 이주 노동자들이 오지 않을 수도 있습니다. 인도적인 측면에서도 당연히 인권을 보호해야 하지만, 길게 봤을 때 인권을 보호하지 않으면 우리나라의 경제에도 큰 손실이 올 수 있습니다. 이처럼 인권은 그 자체로도 중요하지만 미래의 경제적인 측면을 위해서도 반드시 고려해야 할 사항입니다. 이러한 사항을 고민하지 않는다면 우리는 더 큰 비용을 들여 문제를 해결해야 할지도 모릅니다.

외국인 때문에 범죄가 늘지 않았나요?

영화 〈토리와 로키타〉 속 주인공들이 불법에 가담했다고 해서 여러분은 그들이 두려움의 대상으로 보이나요? 오히려 토리와 로키타보다 이들을 이용한 사람들이 더욱 두렵게 비춰지지 않나요? 다르덴 형제 감독이 궁극적으로 전하려는 메시지도 이와 같습니다. 토리와 로키타가 저지른 도덕적인 잘잘못을 논하기보다는, '돈'의 흐름에 따라 옳지 못한 일에 가담할 수밖에 없는 시스템과 난민 아동을 끊임없이 착취하는 어른들을 고발하고 있습니다.

외국인은 모두 범죄자라고 생각하는 편견 역시 생계와 관련된 범죄가 난민들 사이에 빈번하게 일어나는 것에서 비롯됩니다. 난민을 수용하는 국가의 범죄율이 증가하고 있다는 설에 대해 2021년 서울대학교 언론정보 연구소에서 관련 기사를 토대로 사실 여부를 검증했습니다. 난민 수용 국가는 스페인, 프랑스, 스웨덴, 독일이었고 검증 결과, 절반만이 사실로 드러났습니다.

절반이라고 분석한 이유는 국가마다 범죄율이 늘어난 곳과 늘어나지 않은 곳의 차이가 있었기 때문입니다. 결론적으로는 제한적으로 난민을 받아들인 국가에서는 외국인 범죄 비율이 유의미하게 늘어나지 않았다고 합니다. 하지만 독일의 경우 당시 적극적으로 난민 입국을 허용했는데 1차적 난민 수용 인구와 외국인 범죄자 인구가 비례해서 늘고 있었습니다. 이 사실만 보면 난민과 범죄의 증가가 비례해 보입니다. 허나 늘어난 독일의 범죄도 난민들의 빈곤과 연관된 범죄였기 때문에 사회 환경이 원인이라고 분석했습니다. 실제로 우리가 생각하는 흉악범이나 강력 범죄의 경우 난민이나 이주 외국인이 저지른다는 확실한 통계가 없다고 합니다.

무분별한 가짜 뉴스와 조작된 정보 그리고 난민을 추방하자는 여론이 뭉쳐 우리가 한 번도 만나 보지 못한 난민에 대한 혐오감이 커지고 있습니다. 2018년 5월, 제주도의 「제주신보」에 "중동 출신 예멘인 78명 왜 제주에 왔나?"라는 기사가 실린 적이 있습니다. 이는 예멘 난민에 대한 첫 보도였습니다. 그들은 우리가 잘 모르는 내전 중인 나라의 사람들이었는데, 처음 이 기사가 나왔을 때는 별 관심을 받지 못했지요. 그러다 다음 달인 6월 주요 언론이 이 기사를 보도하자 여론이 들끓었습니다.

중동 출신 난민은 무슬림일 것이며 분명 범죄를 저지를 것이니 그들을 추방해야 한다는 여론과 그들을 수용하자는 여론이 부딪힌 것이지요. 최근 늘어난 IS 테러와 관련된 종교가 이슬람교라는 이유로 무슬림들은 잠재적인 테러리스트일 것이라는 공포와 반감이 조성되었습니다. 그렇지만 모든 무슬림은 테러 단체인 IS가 아닙니다. 그럼에도 불구하고 한번 조성된 여론은 쉽게 바뀌지 않았습니다.

이런 혐오와 편견이 쉽게 생겨나고 바뀌지 않는 이유는 무엇일까요? 우리는 '외국인'에 대해 크게 두 가지 이미지가 있다고 해요. 하나는 우리에게 도움을 주는 외국인, 다른 하나는 우리에게 피해를 주는 외국인입니다. 흔히 BTS나 블랙핑크와 같은 한류 스타를 좋아하는 외국인들을 보면 우리는 뿌듯함을 느낍니다. 한류 문화를 소비하고 한국에 관광을 오는 외국인은 우리에게 도움을 주는 외국인이라고 여깁니다. 반면에, 이주 노동자나 난민의 경우 우리 국민도 아닌데 세금으로 먹여 살리고 일자리까지 보장해야 하는 사람들로 여겨, 민폐를 끼치는 이미지로 각인됩니다.

사람들은 나에게 민폐를 끼치는 사람과 어울리고 싶어 하지 않습니다. 편견에서 시작된 걱정과 불안감은 그들에 대한 혐오를 더욱 크게 만들 뿐입니다. 하지만 우리도 깨달아야 합니다. 순전히 편견과 혐오만으로 그들을 안전지대 밖으로 몰아내고 있는 것은 아닌지 말입니다.

함께 토론해 보아요!

◆ 난민 수용에 대한 찬성과 반대 입장을 생각해 정리해 봅시다.

◆ 우리나라에 사는 이주민들은 어떤 부정적인 이미지로 여겨질까요?

SNS를 한 것뿐인데, 그게 왜 범죄인가요?

소셜 포비아

2015년 개봉한 영화 〈소셜 포비아〉는 '신상 털기', '마녀사냥', '악플' 같은 인터넷상에서 일어나는 다양한 폭력을 다룬 독립 영화입니다. 영화가 나오고 몇 년이 지난 요즘도 영화 속 현실과 매우 닮아 있습니다. 그래서인지 영 찝찝하기도 하고 불편하게 느껴지기도 합니다. 〈소셜 포비아〉라는 제목을 영문으로 쓰면 Social phobia인데요. 직역하면 '사회 공포증'이지만 여기서 Social은 SNS(Social Network Service)를 뜻합니다. 그러니까 SNS에서 일어나는 일들에 대한 공포라고 해석할 수 있겠네요.

영화는 탈영병의 자살 소식으로 시작됩니다. 군인의 자살 소식에 SNS에서 많은 사람들이 제각각 댓글을 남기지요. 그중 군인이라는 직업을 폄하한 악성 댓글을 남긴 '레나'는 사람들의 분노를 일으킵니다. 주인공 지웅과 용민은 경찰이라는 꿈을 가지고 노량진에서 공무원 시험을 준비하는 평범한 학생들인데요, 레나의 악플이 이슈가 되자 분노하는 여론에 동조합니다. 휴대폰이 없는 지웅은 용민의 휴대폰으로 로그인해 '내가 경찰 되면 너 같은 애부터 잡는다'라는 댓글을 남깁니다. 그의 아이디 Justice(정의)도 눈에 뜨입니다. 이는 정의감을 가진 경찰이 되고 싶은 지웅이 보통의 공무원 준비생임을 암시하지요.

레나의 댓글에 화가 난 네티즌들은 레나의 신상을 탈탈 털어 인터넷에 공개했습니다. 레나의 거주 지역까지 공개되고, 이 와중에 레나를 공개 저격한 BJ 양게는 레나를 심판하러 가기 위한 사람들을 모집합니다. 이런 것을 '현피'라고 합니다. 현피란, 온라인상에서 만난 사람들이 실제 현실에서 만나 싸움을 벌인다는 의미입니다. 정의를 위해 레나에게서 꼭 사과를 받아 낸다는 양게의 의도에 공감한 지웅과 용민은 '레나원정대'에 합류합니다.

정의로운 경찰이 되고자 휴대폰도 없앤 채 공부만 했던 공시생 지웅은 우리 주변에서 흔히 볼 수 있는 사람이에요. 하지만 원정대에 합류하며 지웅 역시 악플을 달았 던 레나처럼 아무렇지 않게 악플 을 다는 사람으로 변합니다. 악성 댓글을 남기면서 묘하게 즐거워하 는 지웅의 모습은 어쩐지 소름 끼치 기도 해요. 아마도 인터넷상에서 다 른 이의 인권을 생각하지 않는다면 누

● 악플

구나 쉽게 이렇게 될 수 있음을 관객이 알아차리기 때문이겠지요.

레나를 만나러 집에 가는 과정을 BJ 양게는 실시간으로 중계해 수 많은 사람들이 시청합니다. 집에 도착하자마자 그들이 본 것은 '레 나'인 민하영의 시신이었습니다. 민하영은 이미 죽음을 선택한 이후 였어요. 이 상황이 가감 없이 생중계되고, 지웅은 혹시라도 살았을까 하는 실낱같은 희망에 민하영을 깨워 보지만 이미 죽은 뒤였습니다. 경찰에 신고하자는 지웅의 말에 함께 온 레나원정대 사람들은 신고 는커녕 자신의 악플을 찾아 지우기 바쁩니다. 이 모습을 보는 지웅은 혼란스러워합니다. 사람이 죽었는데 악플부터 지우다니요. 이게 과 연 지웅이 원한 정의일까요?

생중계된 화면으로 경찰이 출동하자 현장에 있던 원정대는 모두 도망쳐 버립니다. 그러나 조사를 피할 수는 없었습니다. 사건을 조 사하던 경찰은 경찰 공무원 시험을 준비하는 지웅을 다그칩니다. 경 찰을 준비하는 사람이 어떻게 이런 일을 할 수 있느냐고요. 지웅이 자신은 잘못한 게 없다고 변명하자 경찰은 이렇게 말합니다.

"그래, 너네는 법적으로 잘못한 게 없어. 그런데 결과적으로 피해자가 죽었잖아? 인터넷으로 협박하고 희화화하고, 댓글 이런 거 달고. 안 그래?"

레나 사건이 생중계된 이후 여론은 한 번에 뒤집힙니다. 온라인 신상 털기로 인해 민하영이 죽음을 선택한 게 아니냐는 질타가 쏟아지지요. 단 한 줄의 악플로 시작된 일이 일파만파 커지며 지웅과 용민은 경찰이 되려 한 미래가 불투명해집니다. 지웅과 용민, 레나원정대는 악플 때문에 민하영이 자살한 것을 믿을 수가 없었습니다. 자신이 단 댓글 때문에 누군가가 죽을 거라고는 생각하지 못했던 것이지요. 그들은 자신 역시 피해자라고 주장합니다. 영화는 이렇듯 민하영의 죽음과 관련된 의혹을 좇으며 그의 죽음은 누구의 책임인지를 묻습니다.

'레나원정대'가 실제로 있었다고요?

영화 〈소셜 포비아〉의 홍석재 감독은 2008년 베이징 올림픽 때 일어난 사건에서 영감을 얻어 영화를 만들었다고 합니다. 영화의 핵심 사건인 악플 전쟁과 신상 털기가 당시 버젓이 일어났습니다. 올림픽 결승에서 아쉽게 진 선수의 미니홈피에 한 네티즌이 악플을 달았고, 이 악플에 분노한 다른 사람들이 이 네티즌의 신상을 공개한 사건입니다.

한 유명한 커뮤니티에서 이 네티즌이 운영하는 미니홈피를 공개해 사이버 테러를 유도했고, 미니홈피에 적힌 정보를 조합해 다른 네티즌들이 신상 정보를 캐냈습니다. 그후 레나원정대처럼 그가 다니는 대학교까지 알아내어 학교 홈페이지를 테러했고, 그가 사는 주거지 근처 PC방에서 현피(만남)를 갖기로

❯ 사이버 불링

약속합니다. 주인공이 나타나지 않아 현피는 무산되었지만, 이 일로 미니홈피에 더 많은 악플이 달려 그는 결국 사과문을 올렸지요.

영화가 개봉되고 현재까지도 비슷한 사건은 종종 일어났습니다. 가까운 미래를 예측한 영화의 줄거리도 놀랍지만, 이 영화가 개봉한 이후에도 사람들이 변하지 않고 여전히 같은 일이 반복된다는 사실 역시 놀랍습니다. 그만큼 SNS에서 활동하는 사람을 향한 인권 의식이 미비함을 나타내는 것이지요.

디지털 세상에서는 익명성이라는 디지털 속성에 가려져 댓글을 다는 사람 역시 한 명의 사람임을 쉽게 잊고 인권을 존중하지 않는 경향이 있습니다. 이 영화에 주목해야 하는 이유가 그것인데요, 직접 만나는 사람한테는 절대 하지 않았을 행동을 SNS에서 만난 사람에게는 너무 쉽게 해버립니다. SNS에서 무분별한 악플을 다는 것, 정의로 포장된 분노를 표출하며 누군가의 신상을 터는 것이 그 사람의

인권을 침해하는 행동임을 우리는 깊이 생각해 보아야 합니다. 이 영화를 통해 우리 사회가 디지털 인권에 대해 많은 토론을 하고 인권 의식을 높이게 되기를 바랍니다.

‘마녀사냥’과 ‘돈쭐’의 사이

영화 속 레나에게 벌어진 일처럼 일반인의 신상을 마치 징벌하듯이 공개하는 일들이 일어나고 있습니다. 악성 민원에 시달리다 숨진 선생님, 공무원의 일들로 가해자의 신상이 공개되는 일들이 근래에 종종 일어났습니다. 가해자가 아무런 법적 제재를 받지 않자 디지털 세상에서 공분을 사며 일정 사이트에 가해자와 가족의 신상을 공개했지요.

이런 일은 처음이 아닙니다. 이른바 ‘디지털 교도소’로 여러 신상 정보를 공유하는 사이트도 있었답니다. 2020년 6월 디지털 성범죄인 ‘N번방 사건’이 터졌을 때 가해자의 신상 정보를 공개하는 것이 처음 시작되었습니다. 이 사이트에는 N번방 운영자 손정우의 얼굴과 나이, 학력 등이 공개되었고 이후에도 각종 범죄의 처벌이 가볍다고 판단될 경우 가해자의 신상이 공개되었습니다.

이에 대한 찬반 논란은 계속되고 있지만 용의자의 신상을 유포하는 행위는 법적으로 정당화될 수 없습니다. 이들 중에는 손정우와 같은 실제 범죄자도 있지만 무고한 사람이 피해를 입는 경우도 있었기 때문입니다. 설사 디지털 교도소에 신상이 공개된 사람이 실제 문제를 일으킨 가해자라고 해도 문제가 됩니다. 가해자의 정보를 본 사람들이 사적 제재를 통해 가해자들이 직장을 그만두게 하거나 그들의 생업에 피해를 입히기 때문입니다. 이것은 피해자가 받은 피해를 고스란히 돌려주는 일종의 '눈에는 눈, 이에는 이'와 같은 복수일 뿐입니다. 영화 속에서 악플을 쓴 '레나'의 개인 정보가 털린 것도 이와 같은 사적 제재의 사례였지요. 레나의 결말에서 보았듯이 '정의'라는 이름으로 포장된 사적 제재와 복수가 과연 진짜 정의인지, 현대판 마녀사냥과 다르지 않은지 생각해 보아야 합니다.

반면 신상 털기가 긍정적인 방향으로 이루어지는 사례도 있습니다. 혹시 '돈쭐내다'라는 말을 들어 보신 적 있나요? 이것은 '돈'과 '혼쭐내다'의 합성어예요. 사회적, 혹은 도덕적으로 칭찬받아 마땅한 사람들의 행동이 우연히 알려지면서 그 사람의 신상 정보가 인터넷에 공개되기도 합니다. 이에 네티즌들은 선행을 베푸는 사람을 칭찬하고, 이들에게 이익이 되는 형태의 소비로 그 사람의 선행에 보답하기도 해요. 예를 들어, 선행을 베푼 사람이 운영하는 가게 등에 찾아가 매출을 올려주는 식이지요. 이때, '돈다발을 받아 정신을 못 차리게 해준다'라는 뜻으로 '돈쭐낸다'는 표현을 씁니다. 이는 착한 행동이 널리 알려지는 측면에서 긍정적인 영향을 준다고 볼 수도 있습니다.

그러나 어떤 것도 과하면 부작용이 되기 마련입니다. 긍정적인 방향이 있다고 해도 타인의 개인 정보를 침해하는 신상 털기는 더 이상 해서는 안 되는 행동입니다. 그런데 유독 신상 털기가 과열되는 상황들이 있습니다. 바로 익명성과 간편성이라는 특성을 가진 디지털 세상에서 '정의감'이라는 가치가 혼합되어 나타나는 일들입니다.

정의감에 중독된 사람들

영화 속 류준열이 연기한 BJ 양게는 민하영 '레나'를 찾아가는 자신들의 행위가 정의를 위해서라고 계속해서 강조합니다. 양게와 레나원정대가 지키고 싶었던 것은 무엇일까요? 레나와 같은 악플러로부터 나라를 지키는 군인의 명예를 지켜 주고 싶다고 생각했다면 분명 그것 자체는 나쁜 의도나 가치는 아닐 거예요. 그러나 이런 생각을 오로지 '분노'로 표현하고, 그 표현 방식을 원정대를 꾸려 레나를 찾아가는 것으로 선택했다면 그것이 바른 가치인지 의문이 듭니다. 정의를 운운하지만 이미 정의를 잃어버린 선택을 한 것 아닐까요?

SNS에서는 레나원정대처럼 정의감을 이유로 분노를 표출하는 사람들이 많아지고 있습니다. 정의를 내세우며 일방적인 분노를 표출하는 것은 또 다른 폭력과 혐오이며 나아가서는 인권 침해가 될 수 있습니다. 예를 들어 볼까요? 걸어가면서 담배를 피우는 사람을 봤다고 가정해 봅시다. 보통 비흡연자들은 흡연하는 모습을 길거리에서 봤을 때 불쾌해합니다. 연기를 마시면 건강에 해롭다고 생각하기 때문이지요. 그래서 '걸어 다니면서 흡연하면 절대 안 된다'는 강한 생각이 들고 '걸어가면서 담배를 피우는 사람은 나쁜 사람'이라고 간주하기도 합니다. 이런 생각을 SNS에서 이야기할 때는 앞뒤 상황이나 설명, 상대방의 입장은 생략된 채 '흡연충'이라는 세 글자로만 표현하지요.

하지만 여기에서 반드시 알아야 할 부분이 있습니다. 이 관점은 '비흡연자'들이 동조할 만한 의견이라는 점이지요. 흡연자의 경우, 비흡연자의 생각과 '흡연충'이라는 단어를 어떻게 느낄까요? 그들은 흡연할 만한 장소가 없어서 길거리에서 흡연한 것일 수 있습니다. 그런 자신들을 '흡연충'이라고 매도하는 사람들에게 반감을 느낄 수 있어요.

맥락 없이 짧은 텍스트나 사진으로 소통하는 SNS, 그곳에서 비롯된 정의는 사람들마다 다른 기준으로 판단하기에 제각각일 수밖에 없습니다. 세상에 어떤 것이 옳고 그른지는 그 상황을 판단하는 사람들의 연령, 성별, 취향, 직업 등에 따라 다 다릅니다.

하지만 각자의 위치에서 정의감을 이유로 자기만의 분노와 혐오를 무분별하게 디지털 세상에 표출한다면요? 디지털 세상은 온통 분노투성이가 되겠지요. 나와 다른 의견에 대해 수용보다는 반감, 혐오가 즉각 튀어나오기 쉬우며, 때로는 분위기에 휩쓸려 분노에 동조하게 될 것입니다. 가해자로 알려진 사람들을 가해하는 사람들 역시 신상 털기의 대상이 되고, 마치 뫼비우스의 띠처럼 누군가를 타깃 삼아 신상을 털어 공격하는 것이 끊임없이 되풀이될 것입니다.

일본에서는 최근 '정의감 중독'이라는 말이 사용되고 있다고 해요. 마치 약물이나 알코올처럼 현대 사회 사람들은 정의감에 중독되어 있어 생긴 말이라고 합니다. 『정의감 중독 사회』의 저자 안도 슌스케는 사람들이 각자 내세우는 정의가 너무 많아진 결과, 많은 정의를 받아들이는 것에 중독된 상태라고 설명했습니다. 저자가 말한 것처럼 정의감 중독 사회는 마냥 긍정적이지만은 않은 것 같습니다. 각자 떠드는 정의는 누군가에겐 정의가 아니고 폭력일 수 있으니까요. 유명한 철학자 니체의 명언은 이런 디지털 사회 속 나에 대해 생각해 보게 합니다.

> 괴물과 싸우는 사람은 그 싸움 중 괴물이 되지 않도록 조심해야 한다.
> 네가 심연을 오랫동안 들여다본다면, 그 심연 또한 너를 들여다볼 것이기 때문이다.
>
> _프리드리히 니체

우리에겐 잊혀질 권리가 있습니다

무분별한 개인 정보 유출과 악플 공격 때문에 최근에는 디지털상에서 '잊혀질 권리'에 대한 목소리가 커지고 있습니다. 말실수 하나로 사람들은 인터넷에 있는 개인의 기록물이나 개인 정보들을 찾아 조합해서 사생활을 아무렇지 않게 유출합니다. 이것은 일종의 마녀사냥이나 마찬가지입니다. 이 문제가 심각해지자 사생활과 개인 정보를 보호하기 위해 '잊힐 권리'에 대한 논의를 시작한 것이지요.

잊힐 권리가 가장 처음 이야기된 곳은 스페인입니다. 스페인의 변호사 마리오 코스테하 곤살레스는 2009년 구글에서 자신의 이름을 검색하다 1998년 자신의 채무와 경매와 관련된 신문 기사가 검색되는 것을 발견했습니다. 10년이 지난 2009년에 이미 채무는 해결했는데도 감추고 싶은 과거가 그대로 검색된 것이지요.

곤살레스는 구글 측에 이 정보를 삭제해 달라고 요청했는데 받아들여지지 않아 이 사건은 법적 분쟁까지 갑니다. 5년이 흐른 2014년 유럽 사법 재판소는 곤살레스의 기사를 삭제하라는 판결을 내리지요. 이 사건을 계기로 개인 정보 보호와 표현의 자유가 충돌하면서 많은 나라에도 영향을 끼치게 됩니다.

잊힐 권리는 표현의 자유와 떼려야 뗄 수 없는 관계입니다. 표현의 자유란 자기 생각이나 의견을 표현할 수 있는 권리를 말합니다. 인터넷에 자유롭게 표현된 정보를 개인의 사생활 문제로 삭제해 달라고 하면 정보를 게재한 사람의 표현할 자유를 침해하는 문제가 생깁니다. 이러한 이유로 잊힐 권리를 법으로 만들어야 하는지 아직도 논의 중입니다.

만약 잊힐 권리가 법으로 만들어질 경우에 부작용은 무엇이 있을까요? 정치인과 같이 도덕적으로 청렴결백해야 하는 사람들은 자신에게 불리한 정보는 삭제하고 필요한 정보만 남겨 두는 식으로 악용할 수 있습니다. 정부나 사회 기득권층이 이득을 위해 이 법을 악용한다면 더 큰 문제가 생길 수 있습니다.

그렇지만 반대로 생각해 보겠습니다. 영화 〈소셜 포비아〉의 결말을 들어 볼게요. 레나의 죽음에 담긴 비밀은 결국 밝혀지지 않았습니다. 레나가 타살되었다고 여겨 범인으로 오해받은 사람이 있는데, 그 사람에 대한 정보는 인터넷에 고스란히 남아 있습니다. 잊힐 권리가 없다면 그의 정보는 계속해서 인터넷에 남게 되겠지요? 어려운 일이지만 우리는 잊힐 권리와 더불어 표현의 자유까지 함께 보호할 수 있는 방법을 모색해야 합니다. 이 방법을 지혜롭게 찾기 위해 여러분도 디지털 인권과 개인 정보 보호에 관심을 갖기를 바랍니다.

함께 토론해 보아요!

- ◆ 개인 신상을 긍정적인 방향으로 일하는 '돈쭐내기' 문화와 같은 신상 털기는 부작용이 없을까요? 이를 대처할 수 있는 다른 단어는 무엇이 있을지도 생각해 봅시다.
- ◆ 사적 제재가 일어나는 원인에 대해 구체적으로 살펴보고 이를 방지하기 위해 정부는 어떤 일을 해야 할지 생각해 봅시다.